Sex and the 60's

セックス・アンド・
ザ・シックスティーズ

フランス人に学ぶいつまでも
素敵な
男女生活の秘訣

マリー・ド・エヌゼル 著
小原龍彦 訳

X-Knowledge

タタンカ・イレに

「死、老い、
繰り返されるばかりの人生に対抗する
唯一の魔法、
それは愛ではないだろうか？」[1]
――アナイス・ニン

1 Anaïs Nin, Journal, Paris, Stock, 1972, vol. IV.

まえがき

本書は、いまだタブー（禁忌）となっている「シニア世代の性」という問題について、すべて明るみに出そうとして書いたものではありません。網羅的なエッセイにしようというつもりもありません。このテーマについては、すでに前著『心の温もりが体の老化を防ぐ』の「老いてなお性の快楽を味わうこと」と題した章で触れたことがあります。

この本では、日記をつづるように、前著での考察をさらに先へと進めたい――老いを迎えた人々が送る愛情生活の謎と深みを尊重するため、赤裸々に語りつつ、ひわいにならないぎりぎりのバランスを探りながら。未知の領域へと向かうこの旅に、どうか本書を手にしたあなたもついてきてほしい。旅の途上では、わたしが出会ったさまざまな人々、本や記事とその考察、さらにはタントリズムや東洋の愛の技法といった、わたし自身ともあまり縁のなかった遠方の土地への潜入記録にも触れることになるだろう。

ブックデザイン/松田正行+日向麻梨子

愛を愛する人は　生涯　愛を愛する人

愛を欲する気持ちに　エロスの悦びに
肉体の親密さに　年齢はない

心と体のなすがままでいればいい
それらが愛の交わし方を知っているから

若い頃の経験を取り戻そうなんて考えは
きっと失敗のもとになる

1章 愛ある性生活の行く末は

◆ 過去の幻想を捨て去る

わたしは70年代に起こった「性の革命（セクシャル・レボリューション）」[1]を体験し、そのときからできるだけ良い年の重ねかたをしようと決心した世代に属している。健康や生活の質に気を遣い、自分が愉しむことを大事にする世代。活発で余裕もあり、子どもや親と良好な関係をもち、他人を受け入れつつも自己は貫き通す世代。旅も学びも、新分野の開拓もしたい、そうした欲張りな世代だ。

本書はそのような世代、つまり、もうすぐ還暦を迎える人々に向けて書いている。こうした人々は男女ともに、自分の体が性的に老いを迎えつつあることにすでに気づいていて、自分の性のありかたがどうなってしまうのかと案じているだろう。大半の人たちにとって人生はまだ3分の1も残っており、そのこともわかっている。残された人生をどうやって過ごすのか？　肉体的な愛の営みはそこにあるのか、あるいはそれなしで生きていくのだろうか？

コリアン老後生活研究所[2]が最近公開した「加齢と快楽の関係」についての調査によると、65歳以上で「セックスをすることが快楽の源である」と回答

1 フランスで起こった、禁欲、節制などを特徴とする旧来の性的価値観からの解放を目指した社会的クーデター。キリスト教的倫理観に基づく西洋の性道徳や認識が大きく変わることになった。

2 訳注：フランスを中心に欧州で介護サービスを展開するコリアン・グループ（Korian Group）傘下の研究機関。

したのが12%の人々にとどまったのに対し、「そうありたいと感じている」人は36%にのぼった。つまり、その年齢でも性的にアクティブであり続けたいと望む人の割合と、実際に性生活を維持し、快楽を得ている人の割合にはかなりの開きがあることになる。

ここから明らかになるのは、ある一定の年齢を超えると、性を謳歌《おうか》するのに歯止めをかけるものがあるということだ。自分を取り巻く環境のせいだ、孤独のせいだという人もいるし、若さに価値をおく社会からどう見られているか気になるからだという人もいる。

あるいは個々に作り上げた自己イメージや肉体のイメージ、つまり自分が性の対象として見てもらえるかどうかを気にしてためらう場合もあるだろう。歯止めをかける要因は、広くは人生において、もっと限定すれば夫婦生活のなかで、エロスや肉体的快楽が占める在りかによっても違ってくる。

だが結局のところ、一定の年齢以降で性生活を維持するのが難しくなる原因は、「これまでとは違う性のありかた」、つまり、衝動に身を任せるようなものでなく、より官能的で、よりゆるやかで、語らずとも心が通じ合い、やさしさや親密な感情がなによりも優位にあるような性のありかたをなかなか想像できないことにあるのではないだろうか。

とはいっても、1年以上を費やした取材からわたしが得た結論は、恋愛にもセックスにも欲望にも年齢の限界はないが、ただ一定の年齢を超えるとそれを隠すようになることが多いという事実だった。他人の目に触れるのを好まず、ふたりだけの秘密にしてしまうとはいえ、シニアの人たちの肉体的・精神的な健康にとってきわめて重要な役割を演じているはずだ。古代中国でもそうだったように、充実した性生活は幸せな長寿の秘訣である。「加齢とともに性の営みはより美しく、長く持続し、いっそうエロティックなものになっていくのです[1]」とまで言ってのける人もいる。いわく、女性は円熟する

1　前出のマリー・ド・エヌゼル著『こころの温もりがからだの老化を防ぐ』〔La chaleur du coeur empêche nos corps de rouiller〕で言及されている、アルテ〈仏独にネットワークをもつテレビ局〉のある番組における発言。

ほどにより深く身をゆだねることができ、心も体ももっと開放的になれるそうだ。

では、こういった「性の追求」には本人の気質や愛に対する態度などが関係していて、これまでそういうタイプだった人は、これからもそうだということなのだろうか？　もちろんそうだ。結局はそれに尽きるのかもしれない。いわゆる好きものだった人は変わらないともいわれている。しかし、それなら本を1冊書く必要もないが、現実はもっと複雑なのだ。

例えば、人生の途上に取り残された多くの60代の人々は、今も運命の相手《ソウルメイト》を求めて恋活サイトを訪れ、むなしいかもしれないが否定もできない理想の愛を探している。一体何が彼らをそうさせているのか？　退職後の自由を使い、おそらく若い頃には経験したことがないような官能的人生を送ろうとする人々の姿は、まるで第二の思春期に立ち会っているようでもある。

女性はより一層愛に身をゆだね、男性はより穏やかにやさしくなり、夫婦はふたりの親密さをより深くまで掘り下げる。それぞれがそれぞれに愛するやりかたを進化させ、新たな悦びを探求できる。そのような創造性にあふれた愛とは果たしてどのようなものなのだろう？　本書を読み進めるうち、シニアの人たちにとっても、「タントラ」や「タオイズム」といった東洋由来のエロスの技法から学べるものがあることがおわかりいただけるだろう。

さらに、もう若くはない男性や女性に性的な魅力があるというのは、一体どういうことなのか？　わたしたちが生きている近代では、若さという価値があまりに重んじられ、加齢により衰えたふたつの体が交わす愛の営みをうまく想像できなくなっている。体形や見た目の美しさとは違うなにか、人としての魅力や、深みのあるまなざしやこぼれる笑顔などから生まれる欲望とは、一体どのようなものなのだろう？　一緒にいることの心地よさ、心と心の通じ合い、柔らかな肌、他人がそばにいること、そのリズム、出会いに心動かされることから湧き上がるこの欲望は、一体なんなのか？　これほどに長く生きてきても、欲望は欲望のまま存在している。

シニア世代のエロスを巡るこの旅のあいだ、わたしの頭にはずっとこうした問いかけがつきまとっていた。旅から戻り、ひとつ確信したことがある。多くの人が憧れてはいても、実践できている人はほとんどいない、このエロティックな親密さ。そこに至るには、性のありかたを完全に一変させることが前提条件になる、ということだ。専門家たちが口をそろえて言うように、60歳の人間には、自分が40歳だったときと同じように愛を交わすことはできない。同じやりかたでは、体がついてこないからだ。よって、これまでの知識や技術、過去の幻想はすべて捨て去って、「愛が交わされるがままに」しなければならない。言いかえれば、快楽の訪れに任せて、あるがままに快楽を感じられるようにするのだ。間違っても快楽はこうあるべきなどと考えてはいけない。ここできわめて重要になるのは、ふたりが良質な関係を築いていること、それから、日常的にどれだけ親密な状況を作り出せているか、ということだ。わたしが取材した多くの人たちの意見によれば、性が生殖と無縁なものになったからといって失われるものはなにもない、それどころか、性はよりエロティックなものになるのだという。

わたしがこの本に込めたのは、みなさんのこれからの性生活について、違ったふうにとらえられるようになってもらいたいという願いだ。新しい性のありかた――哲学者ロベール・ミスライ[1]によれば「高齢期を美しく彩るもの」となり得る性――について知りたがっているシニア世代が数多くいることをわたしはよくわかっている。

今も、夫婦でいられる幸運に恵まれながら、倦怠期が続いている人たち[2]がいる。

死別や離婚で独り身となっても、新しい出会いを夢見て愛を求める女性たちもいる。

1 フランスの哲学者。1926年にトルコ移民の子として生まれる。パリ第一大学の哲学科（倫理学）名誉教授であり、スピノザの研究に力を注ぐ。自由と幸福、解放について彼独自の見解を展開し、それに関する著書を数多く執筆している。

2 20年前のNORC（シカゴ大学全国世論調査研究センター）の調査で月に1度も夫婦間の性交渉がない人は65歳以上の男性の30％近く、女性回答者の26～27％を占める。

老いても愛することを忘れずにいたいが、男性としての能力が失われる不安、そのために相手から見向きもされなくなることへの恐れに苛まれている男性たちもいる。彼らは失われた「若さ」という幻想を保つため、年下の女性に目を向けようとすることもできるが、一方で自分たちの性のありかた、彼らの夫婦関係を変化させようと望むことだってできるのだ。

そして、わたしたちの子供や孫たちの世代に、老年の愛をもっと好意的な目で見てもらいたいという思いもある。彼らがこの愛を尊重し、やさしく見守ってくれるようになるためにも。

◆インドでは老年期は欲望と快楽の年代

本書の執筆に取りかかろうとしている頃、パリの美術館ピナコテーク・ド・パリではちょうど「インド美術の霊性とエロティシズム」という副題のついた『カーマ・スートラ』[1]についての展覧会が開かれていた。

標準的な西洋人はいまだにこの古代の経典を、アクロバティックな性技を説き、さまざまなセックスの体位を紹介するポルノグラフィだと考えている。そういう人たちに、カーマ・スートラとは男として、女としての開花を遂げるなか、性の果たす役割を示している「人生の書」である、そう説いておくのも無駄ではないだろう。

この性典では、幸せに生きるにはダルマ（美徳＝法）、アルタ（実利）、カーマ（性愛）の三者が均衡していなければならないと説いている。人生をエロティックに生きるということはつまり、快楽の概念をあらゆる行為や実践の中心におき、それによりヒンドゥー教徒たちがいうところの「モクシャ」、解脱や霊的覚醒に到達するというものである。

エロティシズムとは、自己実現を果たし、神的なものへと通じる道である。

1　4世紀（推定）に書かれたインド文学の古典的テキストのひとつ。

会場入り口の説明パネルにはこう書かれていた。「キリスト教の神が愛であるとするなら、インドの神は愛を交わす」[1]。それに続くフレーズは、読者の方々にゆだねることにしよう。「愛とは、心ではなく体の問題である」。

彫像やレリーフのならぶ会場を旅行気分で歩いていると、自分の暮らす西洋とは根本的に異なった思想のまっただなかに放り込まれた気分になる。解脱や悟りに達するにはある種の禁欲が必要と考えるのが一般的だが、ここではまったく正反対で、快楽を追求し尽くした人間こそが解脱できるとされている。十分にやりきった人だけが執着を断ち切ることができるわけだ。それは例えば、十分に熟した果実だけが樹から離れるのと似ている。インドにおいて、老年期は成熟の時期であり、この年代で十全に生きるべき質とは〈カーマ〉、つまり愛欲と快楽なのである。

◆ 性科学者フランソワ・パルペの話

パフォーマンス重視のセックスを続けていたらダメになる!

古代インドの言い伝え通り、老年期とは本当に愛欲と快楽の時期なのだろうか？　調査を始める前に、ひとまず専門家の意見を聞く必要があると考えた。まずは友人の**フランソワ・パルペ**[2]──彼はエビアン近郊でクリニックを開いている性科学者だ。それからブリジット・ラーエ。[3]フランス人の性生活を語る上で、彼女の存在を避けて通ることはできないと思う。

フランソワとセックスについて語るのはとても楽しいことだ。年間数百人もの人から性についての相談を受けているがゆえに話題の豊富さもさること

1　Michel Angot, L'Art érotique hindou.

2　訳注：性科学者 sexologue は広く性を対象とする専門家の総称で、アプローチの仕方は歴史学、社会学、生理学、医学、人類学など多岐にわたる。彼の場合、性の専門医もしくはセックス・カウンセラーの呼称がそれに近いと思われる。

3　1955年フランス生まれ。20歳の頃デビューし、80年頃まで人気を博したフランスの元ポルノ女優。現在はラジオ番組『Lahaie, l'Amour et Vous（ラーエ：愛とあなた）』や成人向けの番組で司会をつとめ、愛や性についての著書も出版している。

ながら、彼は、あえて誰も話さないようなことをイメージ豊かに、詩的かつ生々しく話すという才能に恵まれている。彼はまた1流のコメディアンでもあり、2014年9月に開催されたモントリオール性科学会議では『僕は性科学者、自分のことも自分で診る』と題し、ひとりの医者が自身の性と感情の遍歴を語るという1人芝居を披露した。「鮮烈かつ自己風刺にあふれ、テンポよく和やかに見ていられる」自作自演のショーは爆笑で迎えられ、観客は主人公の医者の抱える問題や疑問に思わず自分の姿を重ねた。フランソワが劇中に込めたメッセージ——カップルにとってよい性生活とは、まず普段から親密にすること、そして日常的にお互いを誘惑することである——も、すぐに伝わったに違いない。

わたしがフランソワに聞きたいと思ったのは、例の矛盾についてだ。セックスは万人の権利であって、年齢は関係ないとか、性生活を続けることが健康に長生きするための最良の秘訣だ、などと言われている。性的にアクティブで欲望も枯れていないシニアの存在は少なくないのだから、セックスと若さは切り離せないという古い神話は完全に間違っている、という主張もある。その一方で、性にも老化はある、加齢とともに欲望は減退する、といった文章も目に入る。本当のところは、どうなっているのか？

フランソワはきっぱりと言う。「シニアの欲望やセックスの快楽について語るなら、分別をわきまえなければならない」。やはり性にも老化はあるのだ。ここで作り話をするわけにはいかない。まずは感覚が鈍くなり、興奮するのにも時間がかかるようになる。ホルモンの変化に伴い性欲が減退し、反応も薄くなっていく。男性であれば勃起不全となり、あまり「硬く」ならないし、持続時間も短く、勃起の頻度も少なくなる。女性の場合、HRT（ホルモン補充療法）でもやっていれば話は別だが、ふつうは膣が委縮して潤いがなくなっていき、あまり「濡れ」ない、もしくは以前より時間がかかるようになる。気持ちいいと感じるようになるまでの時間もだんだんと遅くなっていく。体が硬くなって動きにくくなり、リューマチやら痛みやらがあるとなると、セックスをするのも億劫だし、気も休まらないだろう。体形も変わって、筋肉は衰え、ぜい肉もつく。自分の身体イメージもそれによって変化する。他人から「年寄り」と見られているように感じ、自分に魅力がなくなったと思い込む。「それだけじゃない」とフランソワは言う。

「薬の影響もかなりある。抗鬱《うつ》剤、利尿剤、多幸感を分泌するようなタイプの向精神薬、それから糖尿病治療。どれもこれも性生活や欲望にとってよくないものばかりだ。そもそもシニアの3分の2は、10年後にはさらにセックスができなくなるだろうと考えているわけだけどね」

この救いのない現実に、わたしは少し滅入ってしまう。それでは、人々の個人的・集合的無意識に深く根を下ろしている、セックスは若者のためのものだとする信仰を正しいと認めてしまうようなものではないか。しかもそれは、若者たちの大半が抱いている印象でもあるのだ。つまり、高齢者のセックスなど場違いで滑稽な逸脱行為でしかない、年を取れば欲情することも、させることもできなくなるというものだ。

体の老化という現実を思い起こさせることで、フランソワはわたしがシニアの性についての甘過ぎる見通しに飛びつかないようにしてくれたのだ。彼はこう言ってわたしを安心させてくれた——性的な老化があっても、60歳以降に恋愛やエロスを楽しむことはある。[1] 若い頃からセックスをするのが好きだった人や、ずっと夫婦のままでいられた人などはとくにそうだ。ただし、そのためにはひとつ条件がある。パフォーマンス重視のセックスにいつまでもこだわっていたら、いずれ立ち行かなくなるだろう。

「性欲を発散させるだけのセックスをしてきて、そのままシニアになってしまった人たちはすぐに追いつめられることになる」

フランソワはそう断言する。

「彼らに選択の余地はまったくないよ。生理機能がしっかりしているあいだは失望することもないだろうけど、いったん老化が始まれば、濡れたり勃起

1 男性の5分の4、女性の5分の3が70歳まで性的にアクティブであるという点では、ほぼすべての調査が一致している。75歳以降になるとこの割合が、男性が3分の1、女性が5分の1にまで下がる。

したり射精したりといった生殖器の能力はどんどん衰えていく。腰や背中に負担がかかる体位が取りづらくなるし、ちょっと動いただけで息切れするようになる。腰を打ちつけたときに女性の側が150キロもの（2人分の）体重を支えられなくなったらどうなるか。セックスする気も完全になえてしまうだろうね」

エロス的能力を開発する必要性

だからこそ、これまでとは別のなにか――エロス的能力や、誘惑できる力、抱擁や愛撫に身を任せる能力を開発しなければならない。

60歳以降もエロティックな愛情生活を続けていくには、性のありかたを変容させる必要がある。もちろん、上質な関係性を築いておくことはとても重要だ。自分の時間を相手のために残しておくこと。もっと時間をかけて、もっと官能的に、もっと撫でるような、もっと遊び心のある性のありかたを探求すること。そこでは揺らぐ心や親密さがすべての代わりとなる。さらに言えば、快楽をあるがままに、訪れるがままに感じること。快楽のあるべき姿などにこだわらないこと。生殖から離れた、よりエロティックなこの性のありかたを特徴付けるのはこうしたことだ。

また、この性のありかたに移行したからといって、満足度が減るわけではない。

「もちろん衝動に任せたセックスをよしとする立場にいる人が自分の40歳の頃と比べたら、よいものだとは思わないだろうね。だからこそ、立場を変えることが必要になるんだ」

すべての人が変容を遂げられるわけではない、とフランソワは強調する。

「実はそれほど興味がないのだろう……。新たなページをめくる時がやってきていても」

と言うが、それを理由に性生活を引退する方がいいと考えるシニアも多い。

だが、

「『パフォーマンス重視のセックス観』に別れを告げるよい機会だと考える

人もいる。こういう人たちにとって、セックスはずっと重要だったからね。診察にやってきて、彼らはこんなことを言う。『ぼくからすれば、うちの妻はまだ女としての魅力があるように見える』。奥さんの方も、『うちの旦那ってまだまだ元気でしょう！　わたしも、夫があんなことやこんなことをしているのを眺めているのが好きなの』なんてね。彼らを見ていると、お互いの気を引くやりかたを心得ているし、これまでも、エロティシズムへの道をたどって、自分たちの性のありかたを変動させてこられたことがよくわかる。出会った頃までさかのぼれるようなエロスの文化が、彼らにはきっとあるのだろう」

カップルのあいだで日常的に親密さを作り出す

このようにシニアたちが性科学者のもとに相談に来るのは、例えば、死別や別離でひとりになった後、新たな恋愛が始まったときである。

「とくに女性がパートナーを連れてくる場合がけっこうあるね。男にとっては大問題なわけだけど、男性の方は問題を勃起のことに矮小化《わいしょう》化してしまっている。女性の方は2人の関係にもっと別のものを期待している……というわけだ。ぼくも含めて性科学者は、相談に来た理由の背後に親密さの病理を発見するわけだ」

生理的感覚（60歳になれば衰えるため、40歳のときと同じような強さなのはあり得ない）と、快楽を覚えることを区別する必要がある、とフランソワは再度強調する。なぜなら後者には、絆によってもたらされる感情の質が含まれているからだ。

60歳以降に得られる悦びの方がずっと上質だという声が女性たちから聞かれるのはそのためだそうだ。愛の広がり、言葉にしなくても伝わる親密な心、エロティックな邂逅《かいこう》と結びついた感覚的な想像によって、これまで決して知らなかった悦びに達したという印象がもたらされるのである。

彼はさらに、

「こういった女性たちは、男性が勃起していなくても悦びを享受できることが多い。[1] 彼女たちが必要としているのは、愛情を感じられる雰囲気だったり、愛撫だったり、深く悩ましげな口づけだったりする。彼女たちはエロティックな想像を宿していて、会陰のなかにいながら、自身の快楽にひとりで浸ることもできる」。そして最近あったひとつの例として、75歳の女性患者に「夫がもう勃たないことなんてどうでもいい」と言われた話をしてくれた。

「なんでもないようなことで、わたしを悦ばせてくれるのですから」

しかし男性の方は、このことがうまく理解できない。

「勃つことは男としての証明書みたいなもので、彼らにとってきわめて重要なことだからね」

あるときタクシーで診療所を訪れた、杖をついた94歳の男性はこのようなことを言ったという。

「今75歳の女性と付き合っているが、一緒に横になっても、一向に勃ちやしない。妻を15年前に亡くしてから性行為はしていない。どうかバイアグラをくれないか」

フランソワは薬を処方したが、その女性が期待しているのは、きっともっと別のものですよ、という説明も忘れずに添えた。

わたしはこの性科学者の友人に、年を重ねた夫婦がどのような挑戦をしているのか、もう少し教えて欲しいと頼み込んだ。大切なのは、恋愛感情あるいは慈しみや仲間意識を維持することだと彼は言った。それには日々、親密な時間を作り出す必要がある。距離を越え、お互いの心を読み取り、異性として意識してもらって、相手の視線を引きつける。そうするための技術は学

1 興味深い数字がある。507人のフランス人女性（20〜65歳）を対象とした最近の電話調査（Colson2005年）によれば、パートナーの勃起に難ありと回答した人は4分の1であるという。そのうち85%は、それにより性的満足感が変化することはないとしている。パートナーの欲望が低下しているから勃起不全になったのではないかという不安はもちろんあるが、女性たちに動揺を与えるのは、挿入がないこと（3%）よりも、コミュニケーション不足（18%）や埋め合わせの愛撫がないこと（17%）、パートナーが居心地悪そうなこと（38%）である。

ぼうとすれば学べるものだし、ユーモアや想像力、官能や感情の強さは、鍛えようと思えば鍛えられる。誘惑とは、技術として身につけられるものなのだ。フランソワは患者たちにそんな「秘訣」の数々を授けている。

例えば、エロティックな親密さのための準備として、お互いの性的エネルギーを接続するための儀式を設けてみる。1日1分相手の目を見て、お互いの心臓のチャクラと、同じく性器を密着させながら一緒に呼吸するのを、毎日20秒続けるだけで欲望を高めることができる。ふたりの体はある種、エロティックなダンスをしているような状態になるが、フランソワはそれを「エロティックと親密の中間」（E2IE）と呼んでいる。それは性的興奮をふたりで一緒に快楽まで導く技法であり、意識を高く保ったまま細かいボディタッチを行うことで、段階的に、早過ぎず遅過ぎない速度で、前戯からエロティックな合一の逸楽へと向かうことができるのだ。

この段階まで至ると、「発散型のオーガズム」などはなくて済む。シニアの場合、この手の逸楽が多数派で、交尾としてのセックスと置き換えられることもよくある。重要なのは、このエロスの技法においては、制限も基準もなく、失敗も容認され、愛撫でもアダルトグッズでも体位でも使われる手段がなんであれ、各人の経験や体への負担をふまえて行われるということだ。

このエロティックな親密さは、自分の感覚に身を任せ、そのイメージにとらわれることのないようにすることが前提となる、とフランソワは指摘する。自己愛傾向が強過ぎる人は、自分を外から観ることをやめられず、自身が抱く自己イメージにさまたげられてエロティックなダンスの状態に移行することができない。自分は美人じゃない。体はたるんでいるし、セルライトもある。アソコだってひどいものだわ。ヒップラインだって、胸だって、昔のことを考えたらもう！――などと若い頃と比較していたら、どうあがいても失敗を招いてしまうだろう。

とはいえ、セックスに興味がなかったり、性生活が稼働していないカップルまでがこうしたレベルの親密さにかかわる必要はないそうだ。

「そういう人たちに性を売り込むのはやめないといけない。90歳までできる奇跡のセックス、みたいなものはね」

性器を使わなくたって、親密に心を通じ合わせ、仲間として一緒にいたり、近くでお互いの肉体を感じたりすることはできる。

「愛の交わしかた」としても考えられる3つのレベル――慈しみ、カップル間の共感、対等な共犯関係――にフランソワが強くこだわっているのもそのためだ。

彼は、親密さを深める、やさしい儀式をしてみることを勧めている。

「そっと目に触れて、手を取ること。遠ざかったり近づいたり、唇に軽くふれて、体を絡ませること。相手のすぐそばにいること。子どもみたいに相手の腕のなかで、じっとしていたってダメだ。それじゃあ安心や保護を求めていることにしかならないし、むしろ事態をゆがめてしまう」

カップル間の共感や心の通じ合いを維持するための提案として、日中の出来事やそこでどう思ったかについて、腰を落ち着けて話す時間を作ることを彼は勧めている。さらにそこでは相手の心の動きが感じられたときに、自分がどう思ったかをきちんと言うことが大切だ。——「きみの感動がぼくにも伝わってきたよ！」というように。それだけではない。相手がなにかしてくれたら感謝の気持ちを表明すること、共通の目的に向かって対等な共犯関係を築くことも重要だ。

ふたりが「生殖的に」愛を交わしていなくても、この3つのレベルの親密さがあればそのカップルは幸せなのだ、フランソワ・パルペもそう断言している。

◆ 60歳女優ブリジット・ラーエの話

老年期の性の開花は誰にでも与えられるわけではない

フランソワもわたしも、**ブリジット・ラーエ**〔プロフィールは21ページ参照〕を本当に尊敬している。

RMCラジオで彼女が司会をつとめる番組「ラーエ、愛とあなた」には、さまざまな人たちから性についての相談が寄せられている。ブリジットは「あらゆる経験をして、ほぼすべてのことを試した知識ある」人物だ。だからこそ、誰もが信頼して「なんでも打ち明けられる」のだ。

わたしが彼女に

「老年期が欲望と快楽の年代だと思われますか?」

と質問したとき、最初の反応はあまりかんばしいものではなかった。

「わたしは今60だけど、40歳のときの方がよかったと思うわよ。もっとしなやかで、オンナとしての魅力もあったもの」

10年前の著書では、「恋愛に年齢は関係ないし、『死ぬまでセックスを実践』[1]できる」と書かれていらっしゃいませんでしたか、と聞いてみると、そういうこともあるにはあるけれど、それは例外的なケースじゃないかしら、とブリジットは答えた。

性科学者の友人フランソワと同様、彼女もまた、60歳のセックスが40歳の頃よりもよいという考えを広めるのを拒否しているようだ。

「60歳以上の女性のほとんどは性の老化という悩みを抱えているわ。そしてその多くは、エロス的人生を本当の意味で謳歌《おうか》したことのない人たちなのよね。それなのに、年を取ればもっとよくなるなんて信じさせるわけにはいかないわ。それに、年齢が上がればひとりになる女性も多くなるってことも忘れちゃいけない。ひとりになって、確固たる自分というものもなくて、心の奥に傷を抱えていたりすると、あっという間に鬱《うつ》になってしまうものなの。自分の殻に閉じこもって、人付き合いもなくなり、頑なになっていく。性は『過去』という思い出の棚にしまわれていて、それが開花するなんてことは、考えもしないの」

ブリジットは数々の挫折や欲求不満に立ち会ってきた。男たちは自分の能力をうまく発揮できずに苦しみ、女たちは自分がちゃんとセックスをしてきたのか、本当のオーガズムを得ることができていたのか自問して悩んでいる。

1 Brigitte Lahaie, Le Couple et l'Amour, Flammarion, 2005 ; J'ai Lu, 2006, P.137.

この女性たちは体に問題を抱えていることも多い。セックスにまつわる慣習や言説が変わっても、そこから本当に解放されているわけではない。セックスをまるで機械のようにとらえる女性誌のセックス観に影響されているが、それは彼女たちの内なる感覚とは完全にずれている。だから性能〈パフォーマンス〉の基準を満たすべきだと迫るそうしたセックス観は、幸せな開花したセックスにはつながらないのだ。

年を取ってから「開花する性のありかた」を、ブリジットはなかなか信じられないようだ。でも彼女も、本当に愛に満ちた親密さがあれば、これまでとは違う、もっとゆるやかで、より深いところで感じられる別の悦びを得るカップルもいることは認めている――興奮によって得られる悦びでなく、一体感から生まれる悦びを。

よって、わたしたちの意見は対立しているわけではない。性のありかたが同じままでいることはできない。かといって、盛りが過ぎて別のものになるのでもない。

ブリジットの番組で、66歳のポールは今でも週に1、2度はセックスをすると打ち明けている。

「妻との関係で大事になってくるのは、甘い抱擁や、やさしい仕草をふたりが共有することだ。30年前と同じようなパフォーマンスを今も示せているとうそぶくつもりはないけど、それでも、自分の性生活にはとても満足しているよ」

では、「年を取れば取るほど『すばらしい性生活が送れて』いる」という75歳のリーヌの証言は？　新しくできた66歳のパートナーのおかげで、「とんでもないオーガズム」[1]を知ったという彼女の証言は、どう考えればいいのだろう？

同じような女性の事例が、セックスセラピストのアラン・エリルからも報告されている。[2]例えば「何度もオーガズム」に達し、「潮吹き」までしたと

1　Brigitte Lahaie, Le Couple et l'Amour, Flammarion, 2005 ; J'ai Lu, 2006, P.141.
2　Alain Héril, Femme épanouie, les âges sexuels de la femme, Payot, 2012, P.97.

いう、68歳のマチルドについて。

「人生ではじめて（しかも60歳を超えて）心湧きたつ思いというものを経験した彼女は、驚くべき欲望の力にのみ込まれ、朝から晩まで欲望に征服されている……思春期の心の揺らぎを発見したことに、快楽を覚えているのだ」

さらに70歳のロズモンドは、「自分が巨大な欲望のなかにいる」ような気がしているのだという。これまでそんなことがまったくなかったわけではないが、2番目の夫との発見が「**魔法のように思いがけない**」ものだったらしい。彼女は、「強烈な体験というわけじゃなくって、**もっと開放的な、外へと広がっていくようなもの**[1]」とそれを表現する。

体験も想像もしたことがないような例外的な瞬間、思わずうれし涙をこぼしてしまうこうした瞬間について、女性たちの口から語られるたびアラン・エリルは感動を覚え、次のようにつづっている。

「その瞬間、性はただ、**快楽の恩寵にのみ集中したエネルギー**を備給されている……そこから放たれるのは、単純な、太陽のエネルギーだ。そこでは互いに証明すべきものなど、たいしたものはなにも残っていない」

「でも、そういう女性って、これまでもずっと恋愛もセックスも得意だった人たちのことよね」[2]とブリジットは反論する。彼女たちは肉体的にも自由で、オンナとしてのアイデンティティも確立されている。セックスが好きで、どうすれば自分が悦びに達せられるのかもわかっている。好奇心も生の欲動もあふれるほどもっている彼女たちは、そのふたつを満たすべく、見知らぬ土地への探索に出る。そのようなことは、誰にでもできることではない。

だから真に問うべきは、それができる人とできない人がいるのは何故なのか、である。

性にブレーキをかける原因はどこにある？

わたしはそれから数週間、年を重ねた人の肉体的開花を妨げているものが

1・2 Brigitte Lahaie, Le Couple et l'Amour, Flammarion, 2005 ; J'ai Lu, 2006, P.99. 強調は引用者。

なんなのかを考えていた。

セックスをするには、2人そろっていなければならない。60歳を超えた多くの女性は、離婚や死別の後でひとりになる。かつてのおばあちゃんたちのように「ジュ・ヌ・ベーズ・プリュ（わたしはもうキスしない）」と呼ばれる小さな黒いリボンを首につけたりすることはないが、それにしたって似たようなものだ。セックスという義務から解放されてほっとしている人たち、男はもうまっぴらだとか、セックスを「ずいぶんとやっかいな体操」くらいに考えていて、性生活から一線を退いて満足している人たちは別としても、欲望がまったく死に絶えていないような人たちだってなかにはいる。彼女たちは、できるなら新たな性愛の相手と、あるいは人生をともに歩めるパートナーと巡り合いたいと心の底から考えている。とはいえ、そうした出会いはめったにない。この孤独は乗り越えられるものなのだろうか？

精神分析家なら、彼女たちはまだ心の準備もできていないし、単に性生活を取り戻したいというその欲望さえ、はっきりしていないと指摘するところだろう。

だからこそ、60歳ほどの年齢にありがちなこの孤独の時間は、成熟のための時間になるのだ。自分自身と仲良くすることを学び、自分のよき理解者となる、うってつけのチャンスだ。自分が求めているものはなんなのか、なにが好きで、なにが重要と考えているのか。真の自立を築き、自分を知るための、夢の時間になり得るのである。

性科学者たちのオフィスは今、「セクシーな60代（sexigénaires）」になりたい60代女性（sexagénaires）であふれかえっている。彼女たちのことを、メディアが異常に性の開花の宣伝をしたせいで生まれた被害者だとか、老いを自覚して完全に「カタギになる」前に、未知の経験に挑みたがっている人たちだと考える人もいるかもしれない。しかし、こうした女性たちが起こしている行動には、もっと根深いものがある。彼女たちは、五月革命を経て、性の解放らしきものをなしとげたベビーブーマー世代〔第二次世界大戦後の1940年代後半から60年代に生まれた人々〕である。「らしきもの」と表現したのは、性について自由に語れるようになったくらいでは、女性が真のエロス的自由にたどり着くことはできないからだ。

この世代が今初老と呼ばれる年齢になり、自分たちがエロスの悦びの本質的な部分をやり過ごしてきてしまったのではないかと感じている。そして、エロスこそ人としての本質であり、「聖域」である——悦びと精神的均衡の源泉であると考えている。わたしと同世代の女性たちはおそらく、そうしたものを人生においてなおざりにしてきてしまった。だからこそ今、相手と巡り合ったり、肉体を通じ合わせたりするのにも、精神的なやりかたがあるのじゃないか、もしそうであれば死ぬ前になんとか経験したいと、ただ漠然と感じているのである。自己とその欲望、「老いつつある女性」というアイデンティティを見つめ直す作業が不可欠であることに、彼女たちもようやく気付いたのだ。

このようなセックス観をもっている彼女たちは、これまでどのように自己を形成してきたのだろうか?

ひとりひとりの個人史にはかならず、あらゆる謎とそれを解くカギが潜んでいる。性科学者が最初に理解しようと試みるのはそこだ。性的虐待を受けたことはあるか？　レイプされたことは？　幼年期に痴漢被害に遭った女性の数は恐ろしいほど多いし、こうした性的な暴力は心に深い傷痕を残す。性被害によって植えつけられた男性への恐怖や嫌悪を乗り越えるには、強力なレジリエンス、逆境をはねかえす力が必要とされる。

あるいは、男性に対しての貧困なイメージを発端とする「性別間闘争」のようなものを体験したことはあるだろうか。男はみんなオオカミ？　性的な偏執者？「アレのことしか考えていない」サイテー野郎？——このようなイメージは、父親から、あるいは母親の男性一般に対するとらえかたから引き継いでいることが多い。それから、人生の初期段階で男性に引かれたり、彼らの穏やかなところ、もろくてやさしい部分に気づき、守ってあげたいとか、誘惑したいとか思ったりしたことはあるのだろうか。

教育や宗教によって禁じられていたものも考慮に入れる必要がある。それは、女性たちが自分の裸をどうとらえているかということに、とくに大きく影響する。また、母親が性のありかたについて抱いている直観的なイメージも俎上《そじょう》に乗せなければいけない。わたしたちは、いかに母親というものが無意識のうちに娘の享楽を許し、あるいは禁じているかをよく知っている。その娘の自己は母親の想定する享楽にしたがって形成されたのだろうか、あるいは逆に、それを拒否しつつ形成されたのだろうか？　母親からの享楽の禁止に、反対と同意、どちらの態度で臨んできたのか？

性に関するタブーは40年前に解消されたはずではあるけれど、それでも今の60代の半数以上は、家族である女性がもっていた性の価値観に、そうとも知らず、とらわれたままなのだ。

これまでの人生を整理し、過去の重みから解放されるのに、まだ手遅れとなる年齢ではないということもある。そしてわたしは個人的に、還暦を過ぎた頃というのは、この仕事に取りかかるには、ぴったりの時期かもしれないと考えている。勇気をもってこの道を進んだ女性たちが、みるみる変身を遂げるのを見て、わたしはいつも驚かされている。ほんのわずかなあいだだけでも心理療法を受けるだけで、欲望という川の流れをせき止めていたコンクリート片を取り除くことができるのだ――やってみるだけの価値はある。

では、過去の足かせから解放されればもう、この年齢でのエロス的自由に欠かすことができない「自己愛革命」の準備が整ったといえるのだろうか？

わたしは今、かつて上手な年の重ねかたについて、セミナーを開催したときに出会った70歳の女性のことを思い出す。彼女は、こんなふうに声を上げたのだった。

「こんなにたるんで、しおれてしまったわたしたちの肌がすごくセクシーだとか、肉体的な魅力があるなんて、ぜんぜん思えないのです。年を取ったら肌はボロボロ。『どんどんよくなる』なんて信じさせようとする天使のささやきは、まったく信じられません。40、50、そうして60歳ともなれば快楽になるものだって失われるし、残りの人生を美しく飾るのは、やさしくて甘美なセックスの思い出だってことを素直に認めましょうよ。年を取ることなんて、ちっとも面白くないじゃない！」

それほど多くの女性たちが自尊心をなくし、顔が変わったといっては鏡をのぞきこんでいる。そこに映った自分の顔をみにくいと感じ、自分はどのような男性からも見向きもされないだろうと早合点する。自分にはもう、女としての魅力がないと判断する小人の声が勝手に聞こえてきて、誰かと思いがけない出会いをしたとしても、いつまでも自分を外側から見て、素直になれずに殻に閉じこもってしまうのだ。

自己愛革命については、映画監督のウディ・アレンがこのように定義している。

「僕はもう鏡なんて見ない、見たってがっかりするだけだから。僕は自分の内面に目を向ける。内面だったら僕も若いからね」

これはもちろん女性にも適用可能だ。なされるべきことは、鏡のなかに映っているような「自己の所有物としての体」から、生命の息づいている体、感じることのできる体、「自己そのものであるような体」へと移行することである。

「自分の体が老いていくのは、もうどうでもいいの。内面がよければそれでいいじゃない」

同い年の友人もそう言っている――まずは自分と仲良くして、自分を元気付けてあげようとすること。どれだけ体が変化しようと、欲望の力が変わるわけではない。ただのしわくちゃと輝きをもった女性、どちらを取るかは明らかだろう。若々しいままの心は、歩きかたや首の姿勢、さらにはベッドでの乱れかたにも反映される。内面の若さを保っている女性たちはみなそうだけれど、この友人も自分をしっかり手入れしているし、気の利いたファッションや香水を身につけ、スイミングやヨガで体形維持にも努めている。つまり、自分自身のイメージを、ちゃんとよく見せようとしているのだ。そのために美容整形などをする必要はない。

哲学者ジャン＝リュック・ナンシー（フランス、1940—）だって『悦び』のなかで、「欲望されていると知っている女性は美しい」と書いているではないか。そこにこう付け加えてもいいかもしれない。「そして、欲望する女性は欲望される」。若い女性のイメージにこだわったままでいたって、この自己愛革命が遂行されないことだけは確かである。

性のありかたが（若いときと）同じままでいることはできない。かといって、盛りが過ぎて別のものになるのでもない。

若い頃のようなパフォーマンス重視のセックスにとらわれないためには、これまでなおざりにしてきた、ありのままの自分を愛する自己愛革命が必要になる。老年期は、それに取りかかるのに適した時期だ。

2章 第二の思春期

◆ 老人の性ブームはよい機会?

「老人の性ブーム」についての記事が、毎日のように書かれている。その現象は、35から50歳くらいのジャーナリストにとって、格好のネタになるのだろう。なぜなら、それは彼らの親が送っている性生活のことだからだ。もっと言えば、親と同世代で、かつ自分の親とはまるで違うことをしている親たちのだ。今わたしたちは、ある変化に立ち会っているのだろう。なにがその引き金となっているのか、わからないわけではない。医療の発展、メンタリティの変化、快楽の優先順位が上がったこと、できるだけ長く若さを保っていたいという欲望をもつ人たちが増えているという事実。

性を解放し、避妊を定着させ、人工中絶を合法化にまで導いたベビーブーマー世代は、よりよい愛情とセックスのある人生を求める新たな相手探しに臆したりはしない。60歳を超えて離婚することにも、決してためらったりはしない。[1] だが、この世代には脆いところもある。現代という時代が押しつけ

1　60歳以降で離婚した人の数は、推定で20年前から倍増しているとされており、54歳から64歳の4分の1はすでに別居を経験しているという。10年前のある研究(Monténégro, 2004)によれば、再婚後すぐにアクティブな性生活があると回答したのは男性57%、女性54%であり、あらゆる観点から見て、10年後の現在さらに上昇していると思われる。訳注：2004年にMonténégroが発表した調査レポートのいくつかはオンラインで読めるが、訳者には、そのいずれにもこの数字を裏付けるデータを発見できなかった。(例：http://assets.aarP.org/rgcenter/general/divorce.pdf)

る判断基準、若さ至上主義にいまだ深く依存していることだ。だから、それほど解放されているとは言えないのである。性についての話題をあらゆるところにまき散らしながら、メディアはこれまで、いくつかの規範を作り上げてきた。そこから逃れるのはたやすいことではない。そこには「快楽を感じなければならない」という、かなり窮屈な義務も付いてくる。このような仕組みで「オーガズムと欲望に対する権利」は、長寿を願い、うまく年を取っていくことと、切っても切れない関係になってしまっているのだ。[1]

「この数年、アダルトビデオが普及したことで、ぼくらはさまざまな性的幻想にアクセスすることができるようになった。いったん仕事を引退してしまえば、男たちは1日中パソコンの前でこういう映像を見て過ごすこともあるし、ときには夜遅くまで自慰をすることだってある。彼らが布団に入る頃には、もうそこに誰もいないんだ」

性科学者のフランソワ・パルペは語る。

「女だってそう変わりはしないよ。かつての女性たちなら退屈をもて遊ぶだけだったただろうが、今はインターネットでおしゃべりができる。もちろんその方が心も通って情緒もあるだろうけど、結局それぞれが個別に楽しみにふけるのは、男女間の親密さが失われていることでもあるし、たいていは別離につながる。でも、男は男でひとりの生活がいやだ。女は女で大恋愛を求めている。だからそこには恋愛市場が成立する。で、恋活サイトになどに行ってみる。すると自分たちが性生活を取り戻すのが、いかに難しいかをすぐに知ることになる。そのような人たちが僕のところにきて、例の青い錠剤（バイアグラ）をくれだの、女性用の潤滑ゼリーをくれだのと頼んでくるんだよ」

こうした生理的欲求の背後には、もっと根深い問題がひそんでいる。人々は、自分たちがうまくやり過ごしてきたと信じて疑わなかったものに、新ためて直面しているのだ——自分たちは、よいセックスをしてこなかったのじゃないだろうか？　これまで大した経験なんてできていなかったのでは？

1　数字を示すと、60歳以降、週に2度の性交渉がある男性は、余命を50％伸ばしており、年数で言うと10年分に相当するという。

それなら手遅れになる前に、それを知りたい、発見したい。そう思っているのだ。

実際、彼らには、まだまだ学ばなければならないことがたくさんある。そして60代の恋のたわむれが「第二の思春期」と考えられている理由も、きっとこのあたりにあるのだろう。

フランソワ・パルペは、彼らのことを「恋愛文盲者」と、愛情とユーモアを込めて呼んでいる。彼らはそのほとばしりそうな愛を、読書をしたり、いかがわしい映像を一緒に見たりすることに利用するのだという。すると体のなかでなにかが起こり、まるで若返りの魔法をかけられたように変化するのだそうだ。

この抑えがたい愛の噴出こそが、体が立ち行かなくなってしまった自分たちをどこかに閉じ込めてしまう罠となるかもしれないし、あるいは逆に、新しい性のありかたを発明し、性における第二のセックスライフを築くきっかけになるかもしれない。そのためには、以前の性のありかた――若い頃のようなパフォーマンス重視のセックス観に別れを告げ、本書の冒頭で触れた別の性のありかた——もっと官能的で、より思いやりにあふれた、関係性に根ざした性のありかた——を目指すことが求められる。

◆ 心も体も思春期化することの代償

しかし、こうした第二の思春期はその代価として、夫婦関係の崩壊を招くこともある。

わたしは今、カブール〔北仏ノルマンディーにある海沿いの町〕で開かれている「別の愛しかたフェスティバル」にて、哲学者のヤン・ダラグリオの話[1]を聞いてきたところだ。わたしたちの愛しかたがどう変わっていくのかという、フェスのテーマは、まさにわたしの興味とぴったりだった。

1 Yann Dall'Aglio, Jt'm, l'amour est-il has been ?, Flammarion, 2012.

今、わたしたちは夫婦という関係のなかでよりよい愛を生きることを目標としている。だが正直に言って、あまりうまくいっているとは言えない。かつて夫婦が夫婦でいられたのは、そこに愛があるからではなく、義務と必要性があったからだった。「これまで強烈な恋愛感情とは、2人を隔てる距離とタブーによってのみ生み出されるものであった」が、現代の「われわれは、それを婚姻関係のただなかで経験したいと欲している」[1]。そのようなことを求めても、「絆の解体」や夫婦関係の崩壊といった結果しか生まれない。だからみなロマンスの探求に身を投じることになるのだ――情念にとらわれ、さらには、実用性やパフォーマンスの向上が、なにがなんでも享楽が必要だと要求する、消費主義の態度にしたがって。

雑誌の「恋愛&セックス」欄が「わたしたちが努力すべきこと」や「身につけるべきテクニック」といった話題を振りまくとき、「それらの記事は、愛に人間らしさを与えよう（……）とか、彼らのなかの情念を、慈しみや友情やともに笑い合えるようなものに転換しようとはしてはいない」と、ヤンは話していた。それどころか、こうした言説は「カーマ・スートラの体位や衣装ケースのなかの洋服、プレゼントやダイエットから化粧品までを駆使して、消えてしまった情念をよみがえらせよう、心も体も思春期化してしまおうとしている……。疲労困憊で心に傷を負った男や女たち、体にはすでに一度か複数の離婚の跡や妊娠の跡が（比喩的にも、文字どおりの意味でも）刻まれている男女が、若作りした妙な衣服を身にまとったり、ジムのルームランナーで喘いでいたり、肌に塗りたくったクリームで漂白されたみたいな笑顔を振りまいていたりするのを見ると――そして彼らが3度目、4度目、あるいはもう何度目かもわからない「大恋愛」を探しているとか言っているのを聞いてしまうと、もうなにも信じられなくなるよ」[2]。

精神分析家のジャン＝ミシェル・イルも、もっと恋愛を、もっと幸せに、

1　Yann Dall'Aglio, Jt'm, l'amour est-il has been ?, Flammarion, 2012., P.69.
2　同右 P.70.

もっと魅力的にとばかり命令してくるような連続ドラマや恋愛番組が、ベビーブーマー世代にとってはひとつの宗教のようになって、悪影響をもたらしていると指摘している。[1] そもそも、完全なる調和とか、お互いの開花とか、ゆるがない確信とか、人々は夫婦の関係性に多くを期待し過ぎなのだ。こうした鏡像から逃れるのが、いかに難しいかも理解しているはずなのに。

◆ 恋活サイトでパートナーを探すシニア女性たちの話

理想の恋愛という幻想に直面する

「すてきな王子様や運命の相手が待っているという神話が、わたしたちの無意識のなかで一層はげしい勢力を取り戻している」。1章のアラン・エリルは、インターネットの心理学総合情報サイト〈psychologies.com〉のチャット欄にそう書き込んでいる。今やこの神話が、60代のあいだにも広がっている。インターネットの恋活サイトに登録している人は、まだ少数派（10%以下）であるとはいえ、神話を信じている人たちは、大恋愛に巡り合えるという希望を抱いている。もちろん、まれなケースではあるが、成功する人もいる。砂漠でダイヤを見つける人だっていないわけではないのだ。だが、そうはいかずに、幻滅してサイトを退会することになる人たちだっている。

わたしは、「注文の多い独身者たちが集うサイト」とうたわれている〈Attractive World〉（AW）に登録している女性たちに呼びかけて、自宅でささやかなオフ会を開催した。そこでわたしたちは自分たちの経験をとりとめもなく語り合った。はじめて登録したときの、その象徴的な行為を前に感じた、さまざまな感情のこと。「ヘンな人」や「倒錯者」にからまれないかしら、というような恐れだったり、「どうしてネットで自分を売り込むなんてことになっちゃったんだろう」とか「わたしって根暗なのかしら」とか「したくてやってるわけじゃない」とか、そんな恥の感情だったり。あわせて、

1 Psychologies Magazine, février 2012.

自分が愛を求めていること、ひとりでいるのが耐えられないと思っていることを認め、それを外に向かってさらけ出すときに必要な勇気についても話し合った。プロフィールを作成するということは、それだけでもう修行のようなものだ。自分自身と向き合い、自分はどのような人間かをはっきりと定義しなければならない。つまりそれは、自意識の証明書だ。そうした話題で、わたしたちは大いに盛り上がった。

現在69歳の女性〈**Flo92**〉は、元有名ジャーナリストだ。すでに引退した大手出版社のオーナーと初めて会ったときのことを話してくれた。お互いの素性が判明したとき、こんなところでわたしたちは何をしているのだろうと、ふたりして大笑いしてしまったそうだ。ふたりとも、名が知られ、有名であることが障害になった経験があったからだ。しかも周りはみな、堅実な人生を送ってきた夫婦ばかり。匿名でいることで、フリーの相手と出会うチャンスも増えていったのだという。

丸っこい顔にかわいらしい笑みを浮かべる62歳の薬剤師〈**Pimprenelle**〉は、

誰もが詐欺をはたらいているといって愚痴をこぼしていた。男たちはまるで、他人のプロフィールから適当なものを拾ってきて「そのままコピペ（切り貼り）」しているみたいだと。みながみな、似たようなものになってしまっているという。

「たばこは吸わない、あるいは吸ってもほんのわずかだけ。週に3回なにかしらのスポーツをしていて、大体が大学入学資格（バカロレア）を取った後、5年以上の学歴がある。お酒は上等なボルドーを2杯たしなむ程度で、イタリアやアジアへの旅行が好き。自分の写真はみな10年前のもので、一生涯続く恋愛をあきらめたことはない、って書いている。本当にそんな男ばかり。知的で美しい女性を探していています、ってあるのよ」

「本当にそう」と賛成するのは〈**Jaimelavie**〉だ。

「みんな理想的なプロフィールにしているわ。それって嘘ってことよね」

もちろん現実はそうではない。彼女がメッセージ交換を始めた当初は、攻撃的な言葉をかけられることも少なくなかったという。ある男性にチャット・リクエストを出したら、「一体どうしたら君みたいな顔でサイトに登録しようと思うのかい?」（!）などと聞いてきたそうだ。深く傷ついた彼女は、プロフィール写真を10年前のものに変更した。わたしは、それはそれであなたの方が困ったことにならないかしらと聞いてみたけれど、そうはならなかったらしい。というのも、ある男性からカフェに誘われたとき、ショックを受けたのは、むしろ彼女の方だったからだ。相手もまた、10年前にエジプトで撮った、日に焼けて男らしい顔つきをした写真を使っていて、彼女はそれを見て好みのタイプと思っていた。しかし目の前にあらわれたのは、そこから10キロは体重が落ちた、老け顔の男だった。しかも上着はよれよれ。顔色も悪い。彼女は自分のコーヒー代を支払い、店を後にした。

次に出会ったのは、フランス北部の町から来た男性だった。知的レベルが高く、退職後の生活にも余裕のある生活が見込める女性を探していた。少なくとも、動機ははっきりしていたわけだ。だから彼女は男性に、オペラ座の夜公演を観に行きませんか、と提案した。彼がホテルの部屋を取っていて、ふたりはそこで週末を過ごした。かといって、そこでなにかが起きたわけではない。相手の方は、なんとなく抱擁しようというそぶりを見せてはいたが、彼女の熱は上がらないままで、そのような気になれない自分に気がついた。あなたたちならわかってくれるでしょうけど、と彼女は言う。

「わたしなんか、もう7年もそんなことをしていないのだから！」

そのとき、〈**Josie**〉（70歳）が口火を切り、「男なんてみんなヤルことしか頭にないのよ」と語気を荒げた。彼女は同年代である70代男性の何人かにアプローチを試みたが、相手側からは一様に、あいにくですが、もっと若い女性を探している、などという御回答をいただいたそうだ。そうしたときに連絡をくれたのが〈**Cestbienmoi**〉だった。自分では69歳といっていたが、実際は75歳であった男性は、妻に去られ、孤独に耐えられなくなったらしい。半月ほどメッセージのやりとりをした後、電話で話してみることになった。彼の声は陽気で、若さも感じられるものだった。それが決め手となったのか、一緒にランチをすることになった。あらわれたのはとてもやさしく、包容力がありそうな人だった。彼は「暖炉のそばでおしゃべりしたり、いちゃついたりしながら夜を過ごせる」相手を探しているのだという。〈Josie〉は、あまり頑固になり過ぎてもいけないわね、と自分に言い聞かせた。恋活サイトで過ごしたこの半年間で、彼女は冷静さを取り戻し、今もふたりは、ときどき会っているそうだ。彼女にもそれが心地いいのだろう、穏やかな友情をはぐくんでいるという。

とても素敵なブルネットの髪がまぶしい〈**Angelina**〉(64歳)は、サイトでは自分は58歳ということにしていると告白する。プロフィール写真は、2回も変えているという。なぜなら、自分ではキレイに撮れたと思える写真を掲載しているのに、ページにアクセスしてくれる人が、ほとんどいなかったからだ。女友だちの「どうせもっと若く見えるのだから、年齢くらいごまかしたっていいじゃない?」というアドバイスに促されてその通りにすると、効果はすぐにあらわれた。メッセージが一気に10通も届いたのだ。彼女はそのなかのひとつ、ヨガをやっているという男性に「ビビッときた」という。以前から「スピリチュアルな側面をお持ちのかたと出会いたい」と書き込んでいた彼女がひと目ぼれするのに、時間はかからなかった。彼女は今日、このオフ会に「仲間たちを励ましに」来たのだそうだ。いい出会いだって、ないわけじゃない、と。

ここでようやく70歳の〈**Eglantine**〉が発言した。実は、サイトを退会することにしたのだという。運命の相手と巡り合おうと試みてきたこの2年間は、彼女にとって「ひとつの出会いに別れを告げる」ためのものだった。この2年があったからこそ、彼女は霧が晴れたようにはっきりと、賢くなれたという。彼女は今、「おひとりさま」の人生もそれほど悪くはないと考えている。そして、「偶然がわたしの扉をたたいてくれるなら、その扉にカギはかかっていないですからね！」と加えた。

あらわれては消えてゆく恋人たち

〈**Florence**〉（69歳）も、自身の実体験を話してくれた。2度の離婚を経て、

5年前からひとり暮らしをしている彼女は、退職してからというもの、これほど満たされた人生があっただろうかと思うほど、子どもや孫と過ごしたり、ボランティアや女子会に参加する時間を満喫している。一夜限りのアバンチュールも幾度かあったし、男友だちだっていないわけではない。しかし、彼女が巡り合いたいと願ってやまない運命の相手だけは、なかなかあらわれてはくれなかったそうだ。孤独にも慣れてしまった彼女が探していたのは、日々をともに生きていく相手というより、週末にどこかに出かけたり、旅に連れて行ってくれたりする甲斐性のある、恋愛的友情と呼べばいいだろうか、オトナの付き合いができる相手だった。しかし、どうしてそのような相手が見つからないのだろう？　時間が足りない？　注文が多過ぎる？　理想の男性像に高望みをし過ぎ？　ある日、彼女は友人の精神分析家から、「君みたいに父親に対する尊敬の念が強過ぎる人は、それを超える男性を見つけることはできないだろうね」と言われたこともある（！）そうだ。

〈Florence〉が恋活サイトに登録することになったのは、女友だちのひとりに促されてのことらしい。偶然の出会いに勝るものはないと、長いあいだ抵抗してきたものの、試すだけならと覚悟を決めた。友人にも、今どきの偶然っていうのはネット上に転がっているものよ、と諭されたという。

だから彼女は、「プロフィールの作成」という試練にも笑顔で臨んだ。自己紹介をするからには、自分がなにを求めているかを伝えなければならない。ある意味では、自分という人格を、欲望される対象として単純化するということだ。それは、スーパーの棚の商品を眺めるように、男たちから見られるということでもある。わたしたちだって同じことをするわけではあるが、それにしたってこれほど暴力的な試練はないだろう。〈Florence〉は、詳細な、というよりむしろ正直なプロフィールを書き込み、最近撮った、笑顔と皺《しわ》が美しいステキな写真を添付した。体もまだまだイケてるのよ、といわんばかりに長椅子の上で水着姿になっている写真まで添えて。最初にアクセスしてきた男性は、「貴女《あなた》は、AWにいる60代のなかでもっともセクシーな女性ですね」というメッセージを残している。

「この言葉が、わたしをどんなに勇気付けたか、彼にはわからないでしょうね」と彼女は語る。

「AWに期待するものは?」という質問に対する彼女の回答は、「魅惑(Attirance)、愛情(Affection)、敬意(Admiration)の3つのAを求めています」。その他、この正直者の自己紹介欄は、「ケチで悲観的なタイプの男性は好みではありません」と明言していたし、「セックスをするのが好きです」とまで書いていた。

彼女は、女友だちとふたりで夜な夜なメッセージを読んでは、プロフィール写真を見て、気に入った男たちのページにアクセスした。次々と写真を開き、品定めをし、批判や論評を加えて盛り上がる。

「あら、この人の口元はステキね! こっちはなんか暗そうだし、ちょっと老け過ぎよねえ……ほら見てよ、この着こなし! ヨットの前でカッコつけちゃって。ここ、インレー湖じゃない? スキー服を着ているのとか、ゴルフコースの写真もあるわよ!」

そうしたやりとりを数日繰り返した後、ふたりはいくつかのメッセージに返事を出すことにした。〈Florence〉は自分と同い年の、日焼けして整った顔立ちに、オトコの色気がただよう、ひとりの男性に目星をつけた。あなたの顔にはなにか、わたしを引きつけるものがあります、とメッセージを残すと、返事はすぐにやって来た。そこには、オデオンの近くにある《レ・ゼディトゥール》でカフェでもいかがですか、という誘いとともに、このサイトで、あえて直接的に、セックスが好きなどという女性ははじめて見た、という言葉も添えられていた。それには少しとまどったけれど、ぜひとも、お知り合いになりたいですね、とも。

彼は確かにイイ男だった。しかも、お互いに魅力を感じているのは明らかだった。ふたりは、2度目のデートでカラダの関係をもった。彼女は、ノルマンディーに所有する別宅に彼を招き、そこでふたりは狂ったようにセックスにふけった。女性経験が豊富で、どうすれば女に快楽を与えられるかを熟知しているこの男を、〈Florence〉は「恋愛マスター」と呼び、10歳は若返ったような気持ちになった。ベネチアへ旅に出て、アルプスでスキーをし、ラロシェルで愛に満ちた週末を過ごす。つまり、ベッドでの相性は抜群によかったのだ。しかし、それ以外のことは、そう簡単にはうまくいかなかった。彼はまったく違う世界の住人だった。いつも金勘定をしているような一文無しの男に、彼女もしびれを切らし始めた。何時間もテレビの前に陣取っているのが、本当にいやだった。しかもしょっちゅうふさぎ込み、冗談のひとつも言わないのだ。そうして2か月が過ぎた頃、彼女はようやく目を覚ました――わたしたちはお互いにつり合った相手じゃない。同じような社会環境で育って、同じような趣味を共有するのって、やっぱり大切だわ。一体どうして、こんな未熟なアバンチュールに、無我夢中で身を投じてしまったのだろう、と〈Florence〉は自問した。「無我夢中」とはよく言ったものだ。彼女は、自分がオンナであることを実感したかったのだ。そしてこの男は、性愛の相手としてはとても優秀だった。関係はその後も続き、相変わらず愛を交わし合っていたが、おそらく男の方が成熟していたのだろう。このような関係はどう転んでもダメになると悟った彼は、さらに2か月が経った頃、とつぜん彼女の元から去っていった。しかし、その去りかたは、彼女にしてみればあまりエレガントとはいえない品性を欠いたもので、特に、シャンパンを一本くすねていったのはいただけなかった。

これに懲りて、ロマンティックな恋愛を探し求める気も失せたのではないか？　――そんなことはない。よくいわれるように、馬から落ちても、また鞍にまたがらなければいけない。もし、前に進む気があるのなら。

〈Florence〉はサイトに舞い戻り、さらにいくつもの出会いを重ねていった。

そうして出会った〈Letendre〉は、その名の通り、やさしい男だった。彼から浴びるようにキスされるのも、彼のギャラリーに展示してある現代アートの作品について解説を聞くのも好きだった。けれど、5歳年下のくせに妙に老けこんだところが、〈Florence〉をいらだたせた。ちなみに、「プロフィールにセックスが好きなんてことを書いたら危ない目に遭うよ」と諭してくれたのはこの男だった。「そんなことは、付き合う相手とそうなったときに知る方がいい」、そう言われて、彼女は自己紹介欄の記述を変更した。〈Alsacien〉に引かれたのは、食品グループ企業の元社長である彼に、自信と落ち着きが感じられたからだった。彼女が男に求める資質に、ぴったり合っていた。ある週末、ふたりはイスタンブールに旅行に行くことになった。ところが、なんたることか、旅行中に男が〈Florence〉に触ることがなかったのだ。同じベッドで寝ているのに！　彼によれば、ふたりの距離を縮めるには、もっと時間が必要とのことだった。その男がもう少し好ましい人物だったなら、彼女もその時間とやらを猶予したかもしれない。でも、なにかにつけ否定的な言葉を吐き、いつも文句を言っているようなケチな男に、そのような慈悲は与えられなかった。彼女も無理して付き合うことはせず、ふたりの関係はそれまでとなった。

次に付き合った〈Titan〔「巨人」の意〕〉は、その名に似合わず背の低い男だった。少し年上で、容姿は決してよい方とは言えなかったけれど、彼と肌を合わせるのが好きだと気付くまでに、さほど時間はかからなかった――やさしい男だった。短い腕にくるまれて、自分の体を小さくするのが好きだった。この物語が途切れてしまったのは、男がフランスの南西部に身を落ちつけたいと考えていたからだ。また、彼が昔の女への未練をまだ断ち切れていないと早々に発覚したことも一因だった。

結局〈Florence〉は、恋人たちがあらわれては消えてゆくのを見送っていただけだった。もちろん彼女は美人だし、色気もあって女らしく、男好きするタイプだったから、そのまま続けることだって、できたかもしれない。しかし、必死になって理想の男を探し求めるのに、いいかげん疲れてしまったようだ。

「そうね、やっぱりこんな恋愛の消費をしていたら、その先に運命の人との出会いがあるなんてあり得ないもの。いろいろ学ばせてもらったわ――わたし自身のこと、自分の体のこと、それからこの年で独り身の人は、男でも女でも、性的な意味でも感情的な意味でも、みじめでやっかいなものを抱えているってこと。こういう人たちの恋愛探しが、かなりヘンだってこともね。

わたしはまだ、本当の出会いは、機が熟したとき、偶然によってなされるものだって信じているの。本当にあらわれるかもわからない相手を探すことに、こだわり過ぎないことが大事ってわかったの。大切なのは、自分が愛し、大事だと思っている人と親密になれる能力を、もっともっと高めていくことなのね」

彼女は結局、昔の恋人とヨリを戻すことにした。彼は既婚者なのだが、それでも一緒にいると安らぐし、会う時間もどうにかして作ってくれる。彼女は心のなかでつぶやいた。どうするにしても、下手な付き合いをするよりは、ひとりでいる方がいいわね。

◆ 67歳女性マルセラの話

オープンな関係に踏み切るポリアムールの誘惑

それではそろそろ、67歳の**マルセラ**が10歳年下の男と出会ったときの、今振り返るとなんとも未熟なものだった、と話す恋物語をお聞かせしよう。

女性にマルセラという仮名を付けたのは、彼女が恋愛を発展させることになったきっかけが、『リベラシオン』紙[1]でマルセラ・ヤクブのインタビュー記事[2]を読んだことだったからだ。彼女は7年前に離婚していたが、2人の子どもの母親であり、また祖母でもあり、持続可能な発展とオルタグローバリズム〔従来と異なるグローバリズムを模索する運動〕に関心をよせるジャーナリストでもあり、フェミニストでもある。ひとり暮らしで、行きずりの関係は何度かあったものの、性生活が充実しているとはいえなかった。そうしたとき、彼女は「ディアローグ・アン・ユマニテ」が毎年リヨンで開催している集会で、同じく参加者として来ていた50代の男性クリスチャンと、とつぜん恋に落ちてしまったのだ。

ふたりの想いは「ひと目見たときから」通じ合っていたという。とても穏

1 ジャン＝ポール・サルトルらによって1973年に発刊されたフランスの中道左派日刊紙。「リベラシオン」はフランス語で「解放」「自由化」などを意味する。

2 Libération, 9 et 10 août 2014.

やかな目をした、官能的でステキな男性だった。休憩時間のあいだ、ふたりは自分たちがリヨンに来た理由でもある集会のテーマについて、とりとめもない話をした。メールアドレスと電話番号を交換して帰る頃には、彼女はすっかりこの出会いに調子を狂わされていた。パリに戻ると、すぐにそのことを彼に伝えた。また会いたい。彼も同じだった。ふたりは互いに引かれ合っていることを確認し、次の週にランチを一緒に食べることになった。しかし季節は夏。それぞれのバカンスの予定も決まっている。マルセラは現実をはかりにかけ、よく考えてみた。クリスチャンは既婚者だった。家族への愛着があることもはっきりしている。しかしこのふたりには、ア・プリオリ、経験に禁じられたモラルなど存在しない。ともあれ彼らは、その夏はひとまずやり過ごし、メールのやりとりだけ続けるということで合意した。妻や子どもたちとブルターニュにバカンスに来たクリスチャンは、マルセラに長文メールを送り、そこには「人生は短く、人生という旅に最高の力と味わいを与えてくれるものが近くにあれば、そこを素通りすることなんてできない」

と書かれていた。クリスチャンは、マルセラと共有すべき「本質的なもの」があると感じていた。それが具体的にどんなものになるかは彼にもまったくわからなかったが、それを「ふたりで創り出すこと」ができたら、という希望を抱いていた。そしてマルセラは、「わたしの覚悟はできている、あなたはこの事態をどう見ているの？」と尋ねる返信を出した。男がエロス的友情[1]を提案するメールを送ってきたのは、そのときだった。「一緒にいるには、それしかない。君を思うと、飛んで行ってしまいたい衝動を感じる。しかし妻も不安定な時期で、まだ父親が必要な子どもたちもいて、『愛に全身全霊を捧げる』ことができないのであれば、穏やかでゆるやかな関係、エロティックな関係はあっても独占的でないような関係を提案するしかない」。マルセラは、「肉体と官能におぼれて、軽い恋愛関係のような友情にとどまれなくなるのがこわいの」と返信した。彼女は、自分がどのような人間かを

1　訳注：ミラン・クンデラのベストセラー小説『存在の耐えられない軽さ』で主人公が実践している、複数の愛人との性愛関係のこと。

知っていた。親密な関係になってしまえば、深くのめり込んで夢中になってしまうとわかっていた。彼女は彼に、「ブレーキがきかなくなるのが怖いなら、今ならまだ止められるわよ」と言った。「天から降ってきたような、思いもよらないものだけど、リスクを承知でこの関係をためしてみる覚悟はできているわ」とも。この欲にまみれた返信が、男の心に火をつけたのではないだろうか？　たぶん眠れなかったのだろう、午前3時か4時まで夜通し彼女に送りつけてきていたメッセージのトーンが、この返信を境に、あからさまにエロティックな内容のメッセージ、ピロートークのような愛のささやきに変わったのだから。「君に吸いよせられ、ぼくは君を抱き、体をやさしく撫でながら、ぼくの体を絡ませる。君の肌を感じたい、その震えをこの手で感じたい」といった言葉を並べつつ、しだいに狂おしいような愛をつづったポエムやメッセージに変わっていった。それらを受け取ったとき、あ、この人、奥さんともうセックスをしていないだろうな、とひとりつぶやいたことをマルセラは思い出す。彼女の心は乱れ、興奮していたが、心の声は舞い上がってしまってはダメだとたしなめてきた。一番よいのは、今すぐに実行してしまうことだ。「待っているわ、あなたが欲しいの」とマルセラはメールする。真夏にひらいたウィンドウがふたりの再会を可能にし、その絆がバーチャルから具体的なかたちをもった、肉体的なものへと変化するのを可能にした。それからの3日間、ふたりは甘美な愛を交わして過ごした。幻滅することなどなかった。タントラ〔タントラについては245ページ参照〕にも通じていると話すクリスチャンは、エロティックな経験が豊富そうだった。

快楽は、穏やかに、ゆっくりと、彼女が好きなやりかたで発見されていった。また、彼女がこの5年間ほとんどセックスをしていなかったということを忘れてはいけない。それなのに安心して身をゆだね、男が本当に自分を愛してくれていると感じていたのだ。この愛の逃避行は、甘美な思い出として、今も彼女の心に大切にしまわれている。

家族の元へ帰ったクリスチャンからは、SOSが送られてきた。もうどうしたらいいかわからない、身が引き裂かれるようだと言う。マルセラを愛しているが、妻にも愛着があり、別れを切り出す覚悟もない。ふたりの関係をどう位置付けたらよいかがわからないのだ。妻を傷つけるかもしれない、という恐怖が、とつぜん頭をもたげてきたのである。

「奥さんと別れるのでもなく、わたしと完全な愛で結ばれることをあきらめるでもない選択肢がないものか、彼はこの矛盾をいろんな角度からずっと考えていたのね。わたしを愛しているからといって、奥さんを愛していないとは限らないって、そんなふうに無理やり思い込もうとしていたみたい」

彼からのSOS信号を受けとったちょうどその頃、マルセラは「複数のエロス的友情に取り組んでみては？」と題された『リベラシオン』の記事を読むのに夢中になっていた。絆が複数にまたがること、「主となるカップルと並行して、一生続くこともある絆」を擁護しつつ、執筆者のヤクブは、それが夫婦を長続きさせる唯一の方法とまで言い切っていた。マルセラがクリスチャンに、ふたりの関係をポリアムール[1]のひとつとして考えてみないかと提案したのは、こうした経緯があったからだ。それにしてもクリスチャンは、自分こそポリアモリストだとそれまで彼女に聞かせたことはなかったのだろうか？　以前にもふたりは、透明性の確保された責任あるやりかたで、当人たち以外の人を排除しない、自由な恋愛の生きかたについて、長いこと話し合ったことがあったからだ。「奥さんかわたしではなく、奥さんもわたしも」というこのかたちは、いわば愛の包摂主義[2]ともいえるものだが、同時にそれは、カップル以外の誰かの存在をフランチャイズ方式で容認することを意味している。

「自分はわりと自由なタイプの人間だし、いつも一緒じゃなきゃイヤとか言って束縛するようなタイプでもないって、そう彼に言っていたのね。ずっ

1　ケベック州でフランソワーズ・サンペールが興した運動で、そこに集う人々はカップルであっても、それ以外の人との恋愛関係を関係する各人への周知と合意のもとで受け入れる。承認と一定の倫理を遵守しなければならない点で、スワッピングや性的放蕩とは異なる。〔英語圏の「ポリアモリー」とほぼ同一のものと思われる。〕

2　バンサン・セスペデスによる表現。

とそばにいなくてもいいし、自分だけのものじゃないって、ちゃんとわかっているから。でも、他人の目があるところでも彼の隣にいたかったし、ふたりの関係を社会に認めて欲しかった。だって……」

そう言って彼女はわたしの目を正面から見た。

「その時点でもう、わたしは『秘密の愛人』っていう、法に反した状況にいるのよ。その自覚はあるし、こんなのわたしには合わないってこともわかっている。自分の人生のなかに入り込んでいる男性が、作り話をして嘘をつかなきゃいけないなんて、考えるだけでもイヤよ。そんなもの、自分を犠牲にしてまで手に入れるものじゃないと思うわ」

だからマルセラは言った——あなたの生活は尊重するし、あなたの愛やあなた自身を必要としている人が他にもいるってことも理解できる。いろいろ制限があるのだって慣れの問題でしょう。でも、他の人がいるところで、わたしもあなたのパートナーだって思いたいの、と。クリスチャンは保守的とは正反対の、進歩的な人間だったから、同じくらい大事な絆がふたつあるなら、どうして素直に同時にそれを引き受けようとしないのか、マルセラには理解できなかった。このとき、クリスチャンは話を聞くだけで、口を開くことはなかった。

「それからまた、愛はあるけど重たいものではなく、官能を楽しむような関係のまま2度目の週末を過ごしたの。今度はわたしがバカンスをしているところに彼が来てくれたから、友人たちにクリスチャンを紹介したのよ。わたしたちの関係からすると、これは大きな前進ね。彼もくつろいでいるみたいだったし、周りの人も彼を気に入ってくれたみたいだったわ」

この2度目の再会は、すでにふたりのあいだにあった官能の一体性をさらに高めた。むしろ、そのことに重要な意味があったのかもしれない。

「こんなことはめったにないけど、その週末の後、いつも感謝の言葉を歌っていたいような心地になっている自分がいたのよ。あんなに幸せだったことなんて、なかったかもしれないわ」

それだけに、クリスチャンがまた「引き裂かれる思い」とやらを持ち出し、自分は妻を傷つけるような危険は冒したくないとか、このままの関係でいようとかいうメールを送ってきたとき、マルセラは心臓をなぐられたような気持ちになった。この男は、きっとこれまでにもさんざんしてきたであろうエロス的友情という、他人には言えないような違法の関係を、自分に対しても要求してきたのだ。もちろん、マルセラは憤慨した。「それなら、そのひきょうな態度に、本当に心が離れてしまったような気分だった。そのひきょうな態度に、数メートル離れたところで自分の妻が眠っているのに、どうして夜通し、あんな情熱的なメールをわたしに送ってこられたの？　そんなすぐに自分の言ったことをひるがえすなら、どうしてわたしに愛を叫ぶことができたの？」

この話をしてくれたとき、この女性の傷はまだ深いまま、癒えていないように感じられた。いわば男は、自分はいかにも自由で現代的な思想の持ち主で、ポリアムールにも理解があるかのようなそぶりだったのが、実は罪を犯してもそれを認めることができない、ただのお子ちゃまだったのだ。そのことに対する、裏切られたという気持ちが伝わってきた。

「最後のメールで、彼は精神科に行くためにバカンスから戻ったと言ってきたわ。それと、自分では引き受けることのできないような恋愛を期待させるようなことをしてすまなかったって」

そう話を締めくくったマルセラは、やはりまだ落ち着きを取り戻していないようだった。彼女がこれほど多くを望んだことは、果たしてよかったのだろうか？　話を聞きながらわたしは、カップル以外のところで営まれるエロス的友情というのは、それほど簡単なものじゃないし、ポリアムールをつつがなく実践するには、実行できているカップルなどほとんどいないような、「自己鍛錬」が要求されるのではないだろうかと考えた。嫉妬の感情と向き合わなければいけないし、相手を所有したいという欲望とも、誰かを傷つけてしまうかもしれないという恐怖とも、自分の罪悪感とも闘わなければならない。そんなことができるのは、かなりまれなケースではないだろうか。

では、なんらかの知恵を取得すれば、そういうことができる人もいるということなのか？　自分たちの配偶者が他の誰かと特権的な、つまりは親密な関係をもっていることをなんとなく知りながらも目をつむっている、わたしはそうした男や女たちのことを考えていた。もちろん、その誰かとの特権的な関係は、夫婦生活をおびやかさない限りの話ではあるけれど。

マルセラと会った後、わたしはカナダ人の女性作家フランソワーズ・サンペール[1]の本をいくつか集中して読んでみたいと考えた。

彼女の主張であまり賛成できないのは、あからさまにモノガミー（一夫一婦制）に責任を押しつけているところだ。最近のあるインタビュー[2]で、フランソワーズは、夫婦というもののモデルがひとつしかないこと、1対1のカップルが必ずしも幸せというわけではないことを主張している。「3分の1の夫婦が別居や離婚をしているし、まだ夫婦でいられている人たちも、相手といることにうんざりしていることが多い」のだそうだ。家族という安定性（そこには子どもも含まれる）と、複数愛を求める気持ちは、どうして両立しないのか。フランソワーズ・サンペールはそれを可能だと考えていて、彼女自身、実際にそうしているのだという。

「自然においてもエネルギー資源においても、生物多様性が必要不可欠だとか、ジョブチェンジ（転職）の可能性とかをみんなずっと言っているのに、愛の分野だけは、単作農業（モノカルチャー）を押しつけたがるんですよね。そんなことをしたら、畑の土と同じように、感情だってやせて乾いてしまうのに！」

この部分を読んだ人はもちろん、愛の生物多様性と言ったって、不貞はずっとあったわけだし、隠れてしている人たちは昔からいたじゃないかと思うだろう。しかし、ポリアムールが、嘘や偽りにまみれた浮気、あるいはスワッピングや性的放縦と異なる点は、それを実践していることをオープンにするというところにある。見せびらかすというのではなく、カップルのどちらも、相手が他の人と恋愛やエロス的友情関係をもっていることを知り、か

1 Françoise Simpère, Il n'est jamais trop tard pour aimer plusieurs hommes, La Martinière, 2003 ; Ce qui trouble Lola, Éditions Blanche, 2004.

2 ネットサイト〈Doctissimo〉の2014年8月14日のインタビュー記事。

つ、その婚姻外の関係を尊重し、干渉しようとはしない。それぞれがそれぞれの秘密の園をもっているのだ。

「自分が愛している（そしてふたりのあいだには子どももいる）男性が、わたしといても他の人といても幸せを感じるのって、わたしには自然なことのように思えるのです。わたしにとって愛とは、所有することではなく、相手を想い、なによりも相手の幸福を欲するものです。だからわたしは、独占することを要求したりはしません」

つまり、複数の愛や友情を自由に生きるこのスタイルを特徴付けるのは、他の人との関係の存在にまつわる透明性をこのように確保していることだ。それは、親密さの質やそれが生きられるやりかたを、全面的に尊重しているということでもある。フランソワーズ・サンペール自身は、ひとりの男友だちと25年間で5回だけセックスをするような恋愛的友情関係を続けているという。ここで大事なのは、彼女が罪悪感を覚えることなく、その関係性のなかで正しいとされていることを行える自由を感じられることにある。

大切なのは、自分が愛し、
大事だと思っている人と
親密になれる能力を、
もっともっと
高めていくことなのね

パートナー探しをするシニアが直面するのは、相手が見つかってもふたりの関係をどのように発展させていけばよいかという問題。心の整理の仕方は人それぞれのようだ。

3章 時の経過にさからう夫婦たち

◆夫婦であり続けるために

では、そろそろ「思春期化した」人々の国を出て、「成熟した」60代夫婦を見に行くことにしよう。それは、数え切れないほどの危機を乗り越え、今なお夫婦であり続けている人たちである。

長続きする夫婦がその代償として、性生活を途絶えさせていることが多いのは事実だ。しかし、ふたりが共通の理解を経て「別のもの」に移行しているのであれば、なんら問題はない。セックスをしなくなって幸せという人がいたって、別にいいと思う。

これからのページでわたしが考えたいのは、セックスの有無にかかわらず、長い時間を夫婦として過ごしていながら、幸せを感じることを可能にしているのはなにか、ということだ。実際、夫婦を夫婦たらしめているものはなんだろう？　夫婦の絆は、なにによって作られるのだろうか？

◆「幸せでいる」と決めた夫婦

年老いた夫婦は、社会から、画一的で単純化されたかたちで、とらえられがちである。なかなかお互いを支え合えないだろうとか、一緒にいてもつまらない、ふたりのあいだにはもうなにも起こらないだろうとか、そのように想像しているのだろうが、それは間違っている。長いあいだ夫婦としてやってきた、あるいは「人生をやり直して」きた人たち、そして、70歳あたりでこれまでの経験を生かせている人々は、相手を気遣うことが多くなり、逆に要求することが少なくなる。彼らはちゃんと、過去から教訓を引き出しているのだ。最近、友人のひとりが夫婦円満の秘訣を教えてくれた。

「ぼくはただ、幸せでいようと決めただけだよ」

妻との関係がいつもうまくいっていたわけではない。ぴったり反りがあっているとはいえない部分もある。けれど、欲望も愛もあるのなら、幸せでいると決めることが、信頼という環境のなか、ふたりの関係を深める十分な土台になってくれる、そう彼は考えている。わたしも同感だ。相手と一緒にいて幸せだということを、きちんと相手に示すこと——だって幸せでいることにしたのだから——は、夫婦のあいだに信頼を生むことにつながる。なかには、幸せでいると決めることなんてできない、と反論する人もいるかもしれないが、それに賛成はできない。1章のセックスセラピストのアランも「幸せになりたまえ。そうすればそこに真の幸福がある」と言っている。うまくいかないことをいちいち指摘して回ることもできれば、人生を明るい陽の下で眺めようと決意することだってできる。自分のなかの理想像に合致するものを相手に期待するより、相手のなかにある好きな部分を優先しようと決めることだってできるのだ。それは、誰でも、いつでも、どのような年齢でも行うことのできる、心の奥の決断である。

わたしが定期的に開催している「幸せに年を重ねる」というセミナーでも、よくこのような質問をする。

「幸せに年を重ねると、決めることはできますか？」

答えはもちろん、「はい」だ。80歳から100歳までの人たちが、毎朝、起きるたびにそう決めるべきだと答える。今日わたしはなにを優先するのか。自分の抱えている悩みごと？　それとも、子どもたちがあまり電話をくれなくて悲しいということ？　はたまた、自然のなかを散策したり、すてきな笑顔に出会ったり、隣人から友好的にされたり、バッハのカンタータを聞いたりするときに感じる、あの悦びを優先するのだろうか？

まだ夫婦でいられるという幸運に恵まれた人々にとって、この「幸せでいることの誓い」は一種のかがやきのカギとなる。そしてそれは、考えられているほど、めずらしいことでもない。

とはいえ、幸せでいることの誓いと、欲望をもち続けることの誓いは、両立できるものだろうか？　だとすれば、どのようにすれば両立できるのか？　夫婦が性的に親密であるということは、この話のどこに位置付けられるのだろう？　婚姻関係のありなしは別として、社会的にカップルというものは、「共同で性生活を営んでいる」という前提によって定義されている。しかし、年を取れば取るほど、むしろ、そうではない方が大半になることがわかってくる。

イタリアのマントヴァの文学フェスティバルで劇作家エリック＝エマニュエル・シュミット（フランス、1960―）と話したとき、夫婦でいると欲望がなくなってくるということがある、という指摘があった。欲望は自立している、とエリックは言う。それは「運命や宿命のように、とつぜんおそいかかってくる」。つまりわたしたちは、まったく自由に欲望できているわけではないのだ。わたしたちが有している唯一の自由は、欲望してしまった相手を愛することを受け入れるか、否かだけだ。だから、愛と欲望はぜんぜん関係がないものなんだよ、とエリックは言葉をつなぐ。愛と欲望は、ふたつの異国同士のようなものだ。夫婦が互いに欲望することがなくなっても愛し合い続けることができるというのは、よく知られていることでもある。

じゃあ、夫婦のあいだで欲望を維持する方法はないのかしら？　わたしはそうエリックに尋ねた。

「すごく難しいって言うね。だって安心したいとか、ずっと維持していきたいと思う気持ちが、結局、欲望をなえさせて、最終的には消し去ることにつながるんだ」

エリックの結論はこうだ。

「だから、安心をゆるがす戦略が必要なんだよ」というのも、安心できるような近さというのは、欲望をすり減らすものだからだ。「最初のときの感情」

を実践する必要がある。

「最初のときの感情」ってとてもいい表現！　わたしがこの言葉を知ったのは、エステル・ペレルの『エロティックな知性』[1]という本を読んだときだ。本のなかでは、夫婦のあいだに距離をおいてみること、安心のなかにリスクを、慣れ親しんだものに謎めきを放り込んで、夫婦の絆がはじめて結ばれたときのあの刺激や、いたずら心、詩情を取り戻そう、と勧めている。

相手のことを隅から隅まで知っていたわけではない。完全に知ることなんて、きっとないだろう。自分のもつ欲望の量は、相手が保持している「謎」の割合に比例している。わたしは、50年一緒に暮してきてなお、妻にたくさんの発見がある、と80歳の恋する男性から聞いたことが何度もある。そしてこの話をしているときの彼は、なによりも若々しい！「幼少期の精神を大事に保ち」つつ、人生やパートナーに対して彼が新鮮なまなざしを向けるようになって10年が経つという。大切なのはだから、親密なものを掘り下げることではないだろうか。親密なもの、というのはここでは、フランソワ・ジュリアンが定義するような意味[2]で使われている。それは、「燃えるような恋とはほど遠く」、自分の内面や奥底でなにが起き、なにが展開しているかを相手と共有することができる能力であり、さらには、相手の親密なもの、その心の奥底にあるものに対する興味をもつことでもある。それは、相手の心の領域を侵すのとは別の話だ。そうではなく、相手に対してつねに新鮮な好奇心を抱くこと、相手がもっている謎めいたところ、予測不可能なところをそのままに受け入れる態度を示すこと。こうした姿勢によって、欲望は維持される。それはまた、「欲求不満」と「倦怠」という二重の暗礁を避けることにもつながる。「妻から毎日、なにかしら教わっているよ」と、恋する男性はわたしに語った。

1 Esther Perel, L'Intelligence érotique.Faire vivre le désir dans le couple, Robert Laffont, 2007.
2 François Julien, De l'intime, Grasset, 2013.

ノート❶ 作家クロード・アビブが唱える退屈の礼賛

「肩を並べて夢想できるようになる夫婦」

時が経っても夫婦を支えているものは一体なんだろう？——わたしが愛読している『ともに生活を営むことの味わい』[1]で、作者クロード・アビブはそう問いかけている。

ふたり暮らしの生活を愉快に擁護するこの本で彼女は、婚姻関係というのは「閉じこもることを是認する」ものではないという。夫婦でいながら、縛られていないと感じることは可能なのだ。それは俗に言われるような意味で「よそ」に行く、愛人を作るということではない。内面の自由をもてる、ということだ。

そうした自由の数ある様相のひとつに、思考のなかに逃避することができる、というのがある。ふたりでそれを行うには、一緒に退屈できるようにならなければならない。わたしは、この本で書かれている退屈の礼賛が大好きだ。「退屈は夫婦生活の障害ではない……それはともに生活を営むための基盤、その必須の条件なのだ」[2]。それは「平穏であることの基盤におかれていて、まるで湖底の泥のようなもの」――身を浸し、新たな活力を得るための「やわらかな基盤」なのである。「不可視の運動をし、内面を泳ぎ回ることで、自己を抑制して……自分自身を成長させることができる。この成長は、仕事上の成長とも、他の人たちに敷かれた道を進んで行くものとも異なり、海のなかを泳ぐ魚の群れのように、予測もつかないかたちでなされる『成長』である」[3]。

1 Claude Habib, Le Goût de la vie commune, Flammarion, 2014.
2 同右 P.17.
3 同右 P.18.

そう、よくぞ言ってくれました！　大切なのはそこなのだ。ずっと一緒にいて今なお幸せだというシニア夫婦は、ふたりがひとつの内的な生をもっている、そのために一緒に退屈することができる、そんな夫婦である。退屈に豊かな産出機能がそなわっているという人はあまりいない、とクロード・アビブは言う。なぜなら、退屈は恥ずかしいものだと思われているからだ。「共通の話題もないし、そこからなにかが広がることもない。それは、実存のあいまいな領域で、かがやかしさとは真逆のもの。いかにしてそれを振り払うかを考えるものである」。

もちろん、閉塞《へいそく》感につながる毒としての退屈と、自己と触れることを可能にする退屈とは区別しなければならない。ふたりの幸せのカギとなるのは、後者である。一日中肩を並べていても、話もしないし、とくになにをするわけでもない。いわば、休暇を共有しているかのような時間を過ごすことができる。それぞれが自分の頭のなかで旅をしながら、その思考は地下でつながっている、そういう人もいるかもしれない。ふたりでそれができるというのは、愛があるあかしになる。それは、信頼のあかしだ。

わたしは今、あるミュージシャンの男友だちと電話で話したところだ。彼は、自分はこれまでずっとセックスが好きだったし、自分のなかに性欲もまだ健在だという。しかし、妻はもう、それに付き合ってくれない。次の段階に移行していて、セックスをするのは好きではなくなったらしい。つまりふたりは相手に対して、もう欲望を抱いていない。

夫婦生活はつつがなく続けられ、日々の暮らしをともにしながら、彼は音楽、彼女は文学と、それぞれの興味の領域を尊重し合っている。しかし、ふたりはすれ違ったまままもう出会うこともない。寝室は確かに一緒でも、互いに触れることはない。彼はそれでよいのか？　もちろん、よくない。

愛に飢え、エロスにひそかな郷愁を抱いているこの男性は、苦しんでいる。魅力的な女性があらわれるたび、彼は乗りかえたいという欲求に何度も駆られたという。その女性の体の震えを感じ、手を取って、欲望のなすがままに身を任せたい、セックスでひとつになることの、あの表現しがたい喜びを経験したい、そのように考えたそうだ。いや、その相手への思いは、いまだに健在だ。

とはいえ、二股をかけるリスクを考えても、自分が多くの男たちがしているような秘密の関係、隠しごととしての恋愛ができるような人間とは思えなかった。妻のことは愛しているし、彼女を傷つけるような危険を冒したくはない。だから彼は、その心に住みつく恋人をそのまま亡き者にしないための方法をあみ出した。

それは夢だ。目覚めても驚くほどの生気を保ったままの、エロティックな夢である。顔も肉体も、振る舞いも自在に変化するが、いつも同じように彼に身を任せるひとりの女が、彼の夢を訪れる。この女を彼は、自分の〈アニマ〉[1]と呼ぶ。ふたりは夢のなかで熱い抱擁を交わし、目覚めたとき、彼は思春期の頃のような新鮮な驚きと、官能の爆発をともに経験していた自身の体を知る。

彼はさらに、このエロティックなアニマとの対話を始めたという。ポエムを送り、手紙も書いた。「能動的想像法」[2]というテクニックを駆使し、夢日記にペンを走らせると、女が返答してくれるのがわかり、快楽を覚えずにはいられなかった。この男のことを狂人と思う人もいるかもしれないが、そうではない。ユングの作品を読むことを通じて、彼はすべての人間的存在が内なる自分と接触できるということを発見した。だから彼は、場合によっては現実において体験したものと同じような強さ、同じようなリアリティを、内なるエロス的人生において感じているのである。

1 訳注：ユング理論における「元型」のひとつをあらわす用語で、男性の無意識が生み出す女性的分身を指す。

2 ユングが提唱した分析心理学の用語。目を開けたまま夢を見ているように夢想が自由に流れ出す過程をいう。参考図書／「心理学辞典」（丸善株式会社発行）

◆ 相互理解という快楽のために相互理解を育む

夫婦というのは、一緒に暮しているから夫婦なのだろうか？「それが基準ではない」と前述（ノート1）のクロード・アビブは言う。「というのも、一緒に暮していても溝がふたりを分け隔てているような夫婦だっているからだ。逆に、アメリカの社会学者たちが、LAT（living apart together＝別居婚）と名付けたような、同じところに住まなくても真の親密さを共有している夫婦もいる。彼らの暮らしが営まれる場は、地図上のある1点のようなものではなく、内部にある。よって、夫婦を夫婦たらしめるのは、相手を自分の暮らしの中心におくという、その決断なのだ」

時が経ってもなお夫婦でいられるのは、彼女によれば「相互理解の快楽のために相互理解を育みたいという欲望」があるからだという。つまり、共時性（シンクロニシティ）のことである。

ダンスで次々にステップを変化させるように、時のなかでも変化していく夫婦がいる。わたしがここで念頭においているのは、お互いを理解し合っている老夫婦が優雅にステップを刻みつつ、その集中して真剣な顔つきに漂う、心の底から湧き上がってきたような幸福な雰囲気を見たときに覚える、あの確かな快楽である。一方が先読みしたことが、相手の動きとぴったり一致してつながっていくこのアンサンブルの前では、ただただ深く感動することしかできない。

このシンクロニシティが体に、まなざしに、さらにはリズムにまで作用して、あるきわめて特殊な欲望のかたちがあらわれる。それは高度にエロティックなものでもある。

考えていることが一致する、距離を越えて思いが伝わる、同じ瞬間に同じことを考えるといった、もうひとつのシンクロニシティでもそのことに変わりはない。こちらのシンクロニシティにも、やはりエロスがある。相手の思考が読めたと感じて相手の首にやさしくキスをしたとき、そこからとつぜん相手の腕にくるまれたときに不意にやってくる驚き――そうしたいと相手がひそかに思っているとただ感じただけでもその驚きは訪れる――この驚きは、オーガズムのひとつのかたちではないだろうか？　目に見えないからといって実在しないわけではない「波長」が重なったとわかったとき、それはとてつもない快楽をもたらしてくれる。わたしたちはもう、相手のすべてを、相手と自分を結びつけているものの一切を知っているという確信によって、摩耗や倦怠《けんたい》から遠く離れたところにいられる。

悦びとして感じられるのはまさに、身体や思考が予想もしなかったかたちで遭遇することなのだ。

夫婦がダメになったとき、あるいは一方が亡くなってしまったときにはじめて、ふたりがどうして夫婦を続けてこられたのかがわかる、とよく言われる。相手をよく見て、自分も相手にすべてをゆだねることで成り立っていたあの穏やかな心の通じ合いが、このとき残酷にも失われる。ひとりになってみて、すぐに自分を振り返り、それを何度も繰り返してしまっていることに気付かされる。そして、後になって理解するのだ。ふたりの生活を彩りあるものにしていたのは、毎回の再会の瞬間であったことに。

「あの人がもうすぐ帰ってくるから、紅茶でもいれましょうか。夜になって食卓につくのが楽しみだわ。ちょっと公園の方を回ってみようかしら？　あの人がカギを回す音が聞こえる。相手がいるということの単純な可能性、彼が帰ってくるかもしれないという、ただ、そのことがあるだけで、ふとしたイメージや、ちょっとやってみたいと思っただけのことも、もっと大きな広がりをもつ」[1]

ふたり暮らしの価値は結局、この甘美なる拡張性にある。そしてそれは「遠くにいても、わたしがあなたを想うように、あなたもわたしを想ってくれていると想像できる」という信頼と相互関係に基づいたものだ。

こうした心の通じ合いは、ふたりだけの誠実な関係以外のところでも可能なのだろうか？

1 Claude Habib, Le Goût de la vie commune, Flammarion, 2014., P.149.

わたしは、つい先日出会った夫婦が明かしてくれた「秘密」のことを考えている。夫が75歳、妻が72歳の夫婦だった。

夫婦のあいだでうまくいっていないことについて話し合う必要があるとき、彼らはそのたびに、外で待ち合わせをするという。ふたりは対面で席につき、両手をにぎり合いながら、お互いの目をじっと見つめる。これは与えると同時に受け入れていることを示す姿勢なのだ。どちらもが与え、受け取る側にいて、どちらもが裁く側にいないことを示している。言いたいことがある方は、途中で口をはさまれることなく話すことができるし、その言葉はそのまま受け入れられる。そして、そこで言われたことは、それからの日々と時間のなかで、ゆっくりと実現されていく。

このきわめて親密な儀式には、いくつかのルールがある。話を聞く側は受け入れるだけで、言葉を返すことも、言い訳をすることも、責めることもしてはならない。本当に口を開く必要があれば、まず相手にその許しを得る。相手への敬意を親密なものに変えるために、こうしたルールが設定されているのだ。これは討論でも、決着をつけるべき対決でもないのだから。

この儀式は大いにふたりのためになる。ふたりのあいだに、いつまでも争い事が続くことはない。わだかまりもなく、誤解を生むこともない。代わりに、そこには特別なやさしさがある。相手に「ちゃんと理解されている」という感覚がふたりにはあるのだ。本当の夫婦とは、こういうものではないだろうか。

愛と欲望は、ふたつの異国同士のようなものだ

夫婦の絆を維持するためには、さまざまな創意工夫が必要となる。それを見つけることができた夫婦は幸せである。

4章 セックスに飽きた人々

◆ 性生活からのフェードアウト

恋愛やセックスにエネルギーを注ぐのをやめたという人は、65歳以上のフランス人男性の70％にものぼる。恋愛やセックスは、若い頃や壮年期の特権というわけだ。

とはいえ、そのなかには、時間の経過とともに倦怠感《けんたい》がつのって、「嫌になった」という人と、単にセックスに「飽きた」という人がいるため、区別が必要だ。

「嫌になった」という人たちのことはよく知られている。これまでも、それほどセックスが好きではなかった彼らは、もう自分にはそのような魅力はないからという内なる思い——身体が変化したのだから自然なこと——を口実として、それ以外の物事に注意を向けるようになる。このような性からのフェードアウトは、「いつの間にかそうなっていく」ものであるようだ。そこで大事なのは欲求不満を感じないようにすることで、セックスをしないことがそれぞれにとって利益となるようにしなければならない。寝室を分けるとか、同じベッドで寝るにしても、兄弟でベッドを共有しているような感覚でお互いに触れたりしないとか、そんなふうに日々の習慣を変えていく。こうした習慣の変化は、少なくともふたつのことを示している。まず、こうした夫婦の場合、これまでも、それほど性生活が重要ではなかっただろうということ。また、60歳になる前からすでに夫婦のあいだに性交渉がなかっただろうということである。夫は浮気でもして性的欲求を満たし、多くの場合、妻には知られないようにして関係をもっているだろう。妻の方は、よりしなやかに新たな生活に順応し、友だち付き合いや家族のこと、子どもや孫のことを優先するようになるのである。

他方、「飽きた」人々の場合は、もう十分にセックスを経験し、そのような気が起きなくなっている。しかし、身体を重ねるのが好きという感覚が、本当の意味で消えてしまったわけではない。わたしの周りにいる70歳くらいの友人夫婦たちも、若い頃のようにセックスはしないけれど、眠るときは裸で身を寄せ合うというし、肉体的接触が好きだという感覚ももち続けている。そこにはちゃんと、愛の交流があるのだ。

◆ 65歳男性ジャンルル・ルイの話
ぼくたちはもうセックスをしないことにした

ジャン=ルイは、つい最近65歳になった。彼とはＨＩＶ感染者を支援する団体[1]を一緒に立ち上げたときからの付き合いだから、もうずいぶん長い関係になる。例えほとんど顔を合わすことがなくなっても、この手の仕事を一緒にすると、会わない時間にも負けない強力な共犯関係が生まれる。30年前に知り合ったとき、彼は演出家で、俳優で、同性愛者だった。内に強い情念を秘めたこの友人は、精力にあふれ、並外れた包容力をもっていた。たぶん、わたしの知るなかで、もっともクリエイティブで、もっとも生き生きとした人のひとりだろう。華やかで、牧神の化身のようなたぐいまれな磁力で人を引きつけるのだ。HIV陽性患者の支援活動に加わったのも、最期まで彼が愛し、介護をしていた当時の恋人セルジュにずっと連れ添っていたいという思いからだった。毎晩、汗をかいた恋人を入浴させたり、マッサージをして痛みを緩和させようとするなかで見せる彼の心遣いに、強い感銘を受けたのを今でも思い出す。その後、同じ活動に参加していた女性ミシェルと出会い、彼女と恋に落ちた。転職して心理療法士になると、介護スタッフに「その場にいること」と「相手に触れること」の大切さを教える仕事をするようになった。そしてミシェルと結婚し、ふたりのあいだには3人の娘が生まれた。わたしは、ずっと探していたものがミシェルと出会ってついに見つかったと話していた彼の姿を、今でも覚えている。こんなに幸せだったことはない——そう語っていたことも。そう、彼の物語は人生の道筋としては、かなり異端だし[2]、わたしが知っているなかでも、これほど気力も体力も充実していながら同性愛者から異性愛者へ「転換」した人は、他にはいない。

しかし、さらに異端だと思われるのは、彼と彼の妻が初老——ふつう、60歳の峠を越えたあたりのことを指すのではないだろうか？——に差しかかったとき、ふたりがもうセックスをしないと決めたことだ。わたしも驚いたし、だからこそ、この本にあなたの話を書きたいと彼に頼み込んだ。わたしを信頼し、申し出を受け入れてくれた彼には恐縮するばかりである。

1 マルセイユ・ラカナビエール協会連合会館にある、ベルナール・デュタン・エイズ・リソースメント協会のこと。

2 Jean-Louis Terrangle, La Caresse de l'ange, Presses de la Renaissance, 2002.

「ぼくらが『もうセックスをしない』ことにしてから2年が経つ。だからといって欲望がなくなったわけじゃなくて、そのかたちが変わったんだ。愛にはしゃぎまわっていた時期は過ぎて、これからはもっと他に重視すべきことがある。限りない慈しみの時間やとりとめもない議論、日常生活のやりくり、子どもたちの教育、自分たちの仕事、世界の現況を知ること。そういったものの方が、セックスよりも大事になったということだね」

ジャン＝ルイは、妻も自分もまったく欲求不満を抱いていないと語る。実際、彼らの性のありかたは進化していったのだ。出会ったときには確かに狂乱もあった。だが、「いつまでも体を重ねていたい、狂ったように、けだもののようにセックスをしていたいという欲求は、時が経つにつれ、うすれていったよ」。その後もふたりの性のありかたは、あえてそうしようとするのではなく、いくつもの段階を経て変化していった。「自然の成り行きでそうなった」と彼は語っている。（セックスをしないという）現在の状況も一連の経緯があってこそのことであり、ふたりにとってよいからそうなったのだろう。

そうして彼らの生活は均衡を保っている。

「ぼくらのお互いに対する愛は、まだまだ変化し、手を加えられていく。そうやって過ぎ去っていく時間がいろいろな彩りを見せる。それにぼくらは驚き、これまで以上にふたりの絆が強くなるのさ」

65歳のジャン＝ルイは「女性の造形美に目を向けることはやめていない」と言う。女性たちから発せられるオーラや雰囲気、その誘いかけるような様子にはなにか、彼の心を揺り動かすものがあるそうだ。

「女性たちを慈しむ気持ちはあるし、守ってあげたいとか、愛おしいとか、そんなふうには感じる。だけど、性欲はまったく湧いてこないんだ」

まるで彼の性的エネルギーが強いあまり、残りの人生や彼の行動、家族や友人、さらには他者に対する目の配りかたにまで、波及していったかのようである。

彼の話を聞きながら、今まで会ってきた人たちのように、泣く泣くセックスから退くというのとはまるで違うものがある、とわたしは感じた。

「ぼくはセックスをあきらめたわけじゃないよ」

と、ジャン＝ルイも断言する。

「そうじゃなくて、飽きてしまったんだ。だって、ぼくは時速200キロで性を生きてきたから。だからこそ別のステージに行くことができるし、もうずっと若かった頃みたいな執着はなくなったよ。ぼくの欲望も時とともに進化していった。他人を見るときも、そこには解釈や期待、欲望といった不純物は入ってこない。なにかしようとするときのぼくの意図は、すごくはっきりしているよ。誰に対してもその人のありのままを受け入れるし、そこになにか下心があるわけじゃない。ぼくは、ぼくを取り巻く世界に対して、より自由に降る舞えるようになったんだ」

ジャン＝ルイがここで語ってくれたことは、「昇華」[1]の手本のようなものだろう。だからこそ欲求不満におちいることがない。そしてなにより、このユニークな愛のかたちは、あらゆることに開かれていて、あらゆることが可能だというところがすばらしい。

「出会った日からぼくらは自由だった。今でもあらゆることが可能で、あらゆることをまた始められる。ダメになったものなんて、なにもない。この自由があったからこそ、ぼくらは、たゆまず深い感謝と信頼を共有することができている。こんな信頼感は、他の誰とも得られたことがない。ミシェルには、なんでも話せるし、彼女もそれを聞いてくれる。いや、聞いてくれるどころか、ぼくの信頼に共鳴してくれるのだから」

ミシェルはこの自由を、このようなステキな連禱詩《れんとうし》で表現している。

「互いに触れ合い、手を差し伸べ、愛撫し合う、耳を傾け、ささやき合い、肌に触れて、話し合う、互いを探し、おち合って、また再会する、分かち合い、なぐさめ合い、やってみる、なんでも、種をまいて、愛し合う！」

ジャン＝ルイの証言をうまく消化するのに、わたしは少し間をおいた。と

1 訳注：なんらかの不満や葛藤を、より高い次元の行為の実現のためのエネルギーに変換することをあらわす精神分析・心理学用語。

ても珍しいケースだし、気力も体力も充実したこの夫婦からもたらされたのは、ある意味、異様とも思える物語だったからだ。会話の戦線に復帰しようと、わたしはこんなふうに尋ねてみた――ちょっと立ち入り過ぎかしらとビクビクしながら。

「でも、そんなふうに体を密着させたり、同じベッドで寝ていたりしたら、もっと深くつながって、ひとつになりたいとか思わないの？　肉体的に、というか性的な意味で」

ジャン＝ルイは、セックスをしようって考え自体が、まるでなくなってしまったんだ、と平然と言い放つ。さんざんいろいろな経験をして飽きてしまったと。しかし性欲はまだあるし、まったくなくなってしまったわけではないのだ。

「寝るときは一緒だし、抱き合っているとあの締めつけがまた感じられて、それ以上なにも欲しくならないくらいうれしくなるよね。別にそれ以上のことをするのを禁じているわけじゃないから、ときどきはもっと性的な感じの

『激しい』抱擁だってあるけど、それだって思いやりに満ちたものだよ。ぼくたちが渇望しているのは、もっと違う感覚、もっと別の関係性、もっと別の手触りをもっているような親密な関係なんだ」

◆ なえた欲望の原因

3章のエリック＝エマニュエル・シュミットが教えてくれたように、欲望は「言うことを聞いてくれない」。それはとつぜん訪れる（！）のだ。わたしは『リベラシオン』の記事[1]に目をとめた。そこでは欲望がなかなか湧いてこない夫婦の問答が展開される。わたしにしてみれば、それ聞いちゃダメでしょう、というような質問だ。だって、欲望が減退しているのを認め

1 « Le "ça" et le sexe », Eric Loret, Libération, 7 août 2014.

るのも、それを直視して話をするのも、すごく難しいことではないだろうか――だからこそこうして、あえてそうしようとする数少ないカップルの対話に引き込まれてしまうのだけど。

ある夜、ベッドの上

A：そんなたいしたことじゃないわよ。

B：大丈夫、まだ復活する。

A：復活なんかしないわよ、もう半年もしてないんだから。

B：いや復活する。疲れてるからだよ。ちょっと悩んでいてね。

押し問答はまだ続く。男はキスしている最中も、仕事や病気の母親のこと、とにかくそれより大事な心配事を抱えている。その後の質問はなかなかいい。

B：興奮しないから疲れるって、お前はそう思わないのか？　いつでもしたいって思っていた頃は、疲れなんて感じなかったじゃないか。

そう、彼らにはもう欲求がない。セックスをしなくなる理由の第一位は「疲労」だという調査がある。二番手にあげられるのは、「子どもに音を聞かれるかもしれない」という理由で、これはバカンス中や別居中なら話は別だが、まあ60代にはあまり関係のないことだろう。

そして、ただ欲求がないだけならまだしも、彼らは人生に対してかなり悲観的な展望をもっている。

B：もう年寄りで、なにか食べて、映画でも見ているだけ。死にたいよ。キスすることなんてもうないし、いつもよく眠れない。くたばるまでこれが続くどころか、どんどん悪くなるんだろ？

なえてしまった欲望に解決策はあるのだろうか？　飲んだくれてみる？

バイアグラ？　アダルトグッズでも使う？　アソコの動作確認のために、よそで世話になってみる？　セクシーな下着でびっくりさせる？　プレゼントで気を引く？　昼間のサイアクな出来事をベッドで愚痴《ぐち》るのをやめたらい い？　行動心理療法とか？　いっそスワッピング・パーティーに行ってみるなんてどう？　あるいは他の誰かを想像しながらするとか……。愛人を作るのが1番だろうけど、わたしには言わないでよ——ふたりは思いつく限りの解決策を思い浮かべてみる。

そうしてようやく、問題の核心が近づいてきた——つまり、欲望って一体なんなの？　性の解放も、セックスのテクニック化も、結局は欲望をダメにしちゃったんじゃないの？

B：ヤルってことは、もうポルノサイトのタグを集めるようなものになっちまったんだな……「アレ」をそんなふうにできるなら、そりゃみんなセックスをやめないだろう。お前のしたいような設定とか小物で現状に変化はつけられるし、結局、挿入《い》れることに変わりはないんだ。

しかしこの夫婦が取り戻したいものって、それとは正反対の、つまり出会った頃のようにお互いを求め合うことではないのだろうか？「アレ」＝「欲望」はここで、享楽せよという命法とも、消費としてのセックスとも、対立するものとして考えられている。欲望を取り戻そうとすればするほど、どこかへ逃げ去る。欲望を制御することはできないのだ。

対話編の結末は、なんとも味わい深い。

B：「アレ」が戻ってくるのを強制することなんてできないが、でもだからって「アレ」が、完全に自由な存在である欲望が、戻ってこないってことにはならないぞ！

ノート❷

性科学者フランソワ・パルペが危惧する欲望の衰退

享楽せよ、という命法への抵抗

欲望は、享楽せよという命法と対置される。そして対立するための手段のひとつに、ストライキがある。

前述の1章の性科学者フランソワ・パルペと午後を丸々つかってシニアの性と、そこにおける親密さの復権について意見交換をした後、そろそろおいとましようと立ち上がったとき、彼は新たな警告を発した。今25歳くらいなのに、もう性欲がないというような、未来のシニアたちが今後どうなってしまうのか心配だというのだ。

彼はそれを楽観視していない。というのも、若者たちのあいだで誰かとエロティックな絆をもつ能力が低下していると診断しているからだ。

「Facebook（インターネットのソーシャルネットワークサービス）でプライベートを公開していても本当の友だちがいないような若者たち、全員がそうだとは言わないが、いきなりキレたりするような若者たちにとって、親密さとは一体なんなのだろうね？　酒をくらって、ハッパを吸って、ひとりきりで興奮できるようなものを探しに毎日毎夜、ネットやポルノサイトを見にいくような若者たちにとっての親密さは？　自分の殻に閉じこもって、人と付き合うこともない、すねているだけの若者はどうだ？　彼らは親を反面教師にしているんだ。抱き合ったり見つめ合ったり、親密さを生み出すようなことをしている両親を、もう長いこと目の当たりにしていないからね」

フランソワのところにも、性欲が湧かず、ガールフレンドとのセックスがうまくいかないと相談に来る若者――20から25歳――がいるらしい。

「ぼくのところに来るだけいい方だよ。だって、ちゃんと受けとめる気があるってことだからね。自分に責任があるって」

こうした若者たちがやがてシニアになったら一体どうなるのだろう？　性的にも感情的にも未熟なままで、悲劇的な孤独におちいったりはしないのだろうか？

フランソワは、日本で何百万人もの若者が恋愛にもセックスにも無関心になっているという記事をどこかで読んだのだそうだ。これまでにない新現象が、いずれこちらにも波及してくるかもしれない。日本の若者の「セックスしない症候群」は、当の政府にも、差し迫った国家の一大事と認識されている。日本家族計画協会[1]が2013年に実施した調査によれば、16歳から24歳の日本人女性の45％は、性交渉に「興味がない」あるいは「嫌悪感を抱いている」。独立心が強くキャリア志向の彼女たちは、自分たちが思い描くキャリアプランからすると、異性との交際はマイナス要素でしかなく、結婚のことを「キャリアの墓場」だと考えているらしい。ロマンスとのかかわりは負担であり、苦役なのだ。[2]「面倒くさい」と彼女たちは言う。つまり「複雑過ぎてやっかい」とか「わずらわしい」とか「やる価値がない」、そのような意味だ。

セックスを毛嫌いするこういった傾向は、日本の男性にも見られる。実家で両親と同居し[3]、リアルな関係のかわりにネット上のバーチャルな付き合いやアダルトビデオの視聴にいそしむ男性はどんどん増えている。「3次元の女性なんか要らないし、2次元の女の子の方がいい」という話も珍しくないそうだ。

もちろん結婚して子どもがいる人もいるけれど、そうした夫婦の40％は、出産

1 訳注：２０１５年「男性のセックス経験率が5割を超えるのは29歳」という報道が日本の一部メディアを騒がせたが、その元データを提供し、のちに不備を指摘され「実際には20歳」と訂正したのが、この日本家族計画協会だったことは記憶に新しい。

2 国立社会保障・人口問題研究所によれば、結婚より独身の方が好ましいとする若い女性は90％にのぼるという。訳注：同研究所の「第14回出生動向基本調査（結婚と出産に関する全国調査・独身者調査）」、２０１０年では、「結婚する意思をもつ未婚者は9割弱で推移」している。よって、この記述は筆者および情報源たるアビゲイル・ヘイワースの記事の錯誤によるものと思われる。

3 親と同居している男性は１３００万人で、うち３００万人は35歳以上である。『クレ』誌掲載（２０１４年2月号）のアビゲイル・ヘイワースの記事を参照。

後にセックスレスになるそうだ。そして、そうした人たちのあいだでも、自分だけで完結する性愛に目覚める人の数はますます増加している。自己や夫婦の栄えある生活から、ふたりで性を分かち合うという要素が消えてしまうのだ。わたしたちは今まさに、自己性愛市場の爆発的拡大に立ち会っている。

人口統計学者たちは2060年に日本の人口は半減する[1]と推計しており、この国はゆるやかに、だが着実に、SFの世界で描かれるような社会へと突入している。この現象は世界に広まっていくのだろうか？　わたしたちは、自分だけがいればよいような自己性愛的人間という、新たな人類形態の誕生に立ち会っているのだろうか？　そのような時代が来れば、（他者とのかかわりのシンボルたる）性の営みはなくなってしまうのか？

つい先頃『レクスプレス』誌に掲載された記事[2]によると、セックスや肉体的な愛に無関心であることを公言する若者たちが増えているという。彼らには、本当に欲望がまったくない。今では「アセクシュアル（無性愛者）の日」というのもあり、アセクシュアルたちの存在を世に訴える団体（AVA）まで存在しているそうだ。無性愛は、禁欲とは対照的に選択肢が存在しない。ただ性的な欲望を感じることがないということなのだ。彼らはアセクシュアル専用の掲示板で自分たちのことを「A」と称し、他人から病気だとか、欲求不満を抱えているとか、恋人募集中みたいに見られるのがつらいとつづる。そもそも、欲望がないことそれ自体は、彼らにとってつらいことではないのだ。恐れるわけでも、嫌悪感をもつわけでもない。ただただ無関心なのだ。「A」として活動するこの人々は、欲望の不在もまた、愛という感情と完全に両立する「性的指向」のひとつなのだ、と主張する。

1 訳注：「2010年時点1億2806万人の人口は（…）2060年には（…）8674万人となる。（…）50年間に約3分の1の人口を失うことになる」（『日本の将来推計人口─平成24年1月推計の解説および参考推計（条件付き推計）』）。また、アビゲイル・ヘイワースの記事でも「3分の1減」とされている。

2 Caroline Franc Desages, L'Express, le 15 septembre 2014.

無性愛者は、きっといつの時代にも存在していたはずだが、それをあらわす単語が存在しなかった。かつてオールド・ミスと呼ばれた女性たち、あるいはその男性版は、おそらく「アセクシュアル」だったのではないだろうか。こういった人々はやや特殊で、独身のまま老いていく。もちろん、性に対する興味が失われたことの心理的要因を問うことはできる。「エディプスコンプレックス」[1]をうまく消化できなかった？ 幼少期のトラウマ？ といったふうに。あるいは、新聞やテレビをはじめ、いたるところで性が宣伝されるこの世界で、彼らの存在がどのような意味をもつのか問うてみることもできる。「過剰なセックスはセックスを殺す」とも言う。実際、もしかしたら、かなり健全な反応（！）なのかもしれないのだ。

1　男の子が母親を慕って、父親に対して反感をもつこと。

欲望を取り戻そうと
すればするほど、
どこかへ逃げ去る。
欲望を制御することは
できないのだ。

シニアになってもなお欲望は
コントロールできるようなもの
ではないようだ。これまで欲望
を急き立ててきたことで、わた
したちは、欲望から報いを受け
ているのかもしれない。

5章 孤独と自由

◆「おひとりさま」を満喫する女性

ここまでは現実、あるいは想像のなかのカップルが治める領地を探索してきた。そして、その周縁には、「孤独」が支配する荒野が広がっている。女性たちの孤独に目を向けるように示唆してくれたのは、1章で登場したブリジット・ラーエだった。

「60歳を過ぎて、いいえ、その前にだって、独り身になって、男性との出会いがないことに不満を漏らしている女性がどれだけいるか、あなた想像したことがあるかしら？　男の人って基本的にパートナーがいない期間が短いから、これは女の宿命なのよ」

でも、みながみな、そのような不満を漏らしているのだろうか？

こうした女性たちの多くは、美しさが減じてはいない。むしろ自分から孤独を選択する人だって少なくない。例えば、ある場所で講演を終えて帰ろうとしたとき、夫と別れることにしたという60歳の女性に声をかけられたことがあった。

「つつがなく協議離婚で済みました」

そう言う姿は、どこか誇らしげだった。彼女は自由を取り戻したかったのだ。

こういう女性たちは、パートナーになるかもわからない男を追い回したりはしない。むしろ自由という至福をかみしめる。レッド・ツェッペリンの曲から題名をとった、シルビー・ブリュネルの本『天国への階段』[1]――わたし

1　Sylvie Brunel, Un escalier vers le paradis, J.- C.Lattès, 2014.

の愛読書だ――には、女性たちの力、自由を謳歌《おうか》するその才能への、感動的なオマージュがつづられている。

女性たちの方が、男性より「おひとりさま」の生活をうまく送れると彼女は言う。それは孤独とはまったくの別ものだ。ひとりで自分のために生活を組み立てられれば、誰かに理解を求めたり説明する必要もない。

「斜めに寝そべってベッドを占領したっていい。読書をしやすいように真夜中に明かりをつけてもいい。自分の時間は、1分1秒まで自分で決められる。夕陽が沈むのを見るためだけにちょっと足を止めることだってできる。映画の開始時間に遅れたって、誰かに連絡する必要もない。言い訳することなんて、もうないのだから!」

晴れ晴れとした顔でわたしに話しかけてきた女性も、これからは自分のことや、情熱をもてるもの、自分のやりたいことに注力するのだろう。どうして彼女が、それを夫とともにすることができなかったのかは尋ねなかった。答えはわかり切っているからだ。多くの夫婦がそうであるように、彼らは親密さを深めることなく、ただ肩を並べて暮らしていただけだったのだ。少しずつふたりの距離は広がっていく。あるいは仕事で外に出ていた夫が、いつも家にいるようになってから事態が悪化するのも、よくある話だ。

◆

68歳女性アンヌとピエレットの話
強いられた孤独と向き合う

一方、若い女と人生をやり直すからと、夫やパートナーに別れを切り出されたり、あるいは、長くつらい看病の果てに相手を亡くした女性もいる。

「ひとりでいるのはイヤよ」

と、10年前、夫に去られた**アンヌ**は言う。このステキな女性は68歳。もう孤独には慣れたとはいえ、好きというわけではないそうだ。ひとりになった当初は、朝食をひとりで取らなければいけないことや、せわしない日中の後、誰も待つ人のいない暗いアパルトマンに帰宅するのが、たまらなく悲しかった。

アンヌは美人で話も面白く、元気があって女性としても魅力的なのに、一緒に暮らしたいと思うような相手には巡り合えなかった。よく周囲の人からも、「キレイなのになんで出会いがないのかしらね？」と驚かれるという。高望みをし過ぎなのだろうか？　それともまだ夫に未練があるのだろうか？　同じようなケースの多くの女性と同様、彼女もまた有名恋活サイトに登録してみることにした。

しかし1年やってみて、どの出会いも期待外れだった彼女は、男漁りはもうやめて、状況を受け入れようと決心した。もう探さないし、期待しない。これからは人生の流れに任せてみよう――そう決心したのだ。そして人生が進んでいった先に彼女を待ち構えていたのは、既婚男性だった。

「感じのいいオトコにはみんな相手がいるなんて、当たり前じゃない」

ある日、女友だちのひとりにそう言われたという。

「その人とできることをすればいいのよ。それってきっと、いいとこ取りなんだって思えばいいいんじゃない？　朝食中にへんないさかいが起こることもないし、平凡で退屈な日常を強いられることもないのだから」

それはそうだと思いながらも、彼女は自分が心から待ち望む相手と巡り合う、その夢をあきらめなかった。そして、できる限りのことはしよう、孤独の段階にもきっとなにかの意味があるのだと思うことにした。孤独が彼女に、真の自立を教えたのだ——家の向かいのビストロで、ひとりディナーをする快楽も。さらに孤独は、周囲の女性たちがうらやむような性的自由を彼女に与えもしたのである。

5年前に夫を亡くした**ピエレット**は現在68歳。近年は、遺族支援団体に大いに助けられてきたという。彼女には、いくつかの段階があったらしい。夫であった「男」に過度の愛着をもち、この人との経験以上のものを見つけることはできない、この先、恋愛もセックスもすることはないと固く信じていた時期もあった。

しかし、寡婦となって数か月が過ぎると、どうも自分たち夫婦をずいぶん理想化していたことに気付き、例え別の夫を見つけたとしても、かつての夫の貧相な代用品としか思えないと信じ切っていたみたいだと認められるようになったそうだ。

とくにセックスのこととなると、古いしきたりにとらわれた、むしろ敵意さえ向けてくるカトリック信者たちが周りにいては、寡婦にセックスをする権利なんてないと考えてしまっても無理はない。精神分析家であれば、「なんたる排除！」と声を上げるところだし、彼女も彼女で、自分と同じ状況にある女性たちとの出会いがなければ、それをうのみにしていたかもしれないのだ。

喪に服す期間が終わり——というのは夫を忘れたということでなく、生きよう、人生を前に進めようという気持ちが戻ってきたということだ——その頃には彼女にも、他の男性との出会いを求める欲望が芽生えていた。

しかし、ことはそう単純ではない。まずは、自分がまだ女として魅力があるかどうかを検討してみる。そして彼女もまた、「相手」がいない「感じのいい」男性と出会うのがやさしくないことを理解するのだ。

彼女の話を聞いたわたしは、死別や離婚を経験した女性のうち、パートナーがいない人が37%というのに対し、同じ状況の男性は、たった17%だという統計のことを思い出していた。

「ご存知だと思いますが、男の人は、よくない相手でもひとりでいるよりいいと考えているんです。つまり、女のわたしたちより、多くを求めてはいない。しかも彼らは老いの不安に駆られて、若い女性を求めるようになる。だから、不均衡が生まれるのですよ」

女友だちは、パートナー探しなんてやめて、これまでの人生で得てきた愛の機会――子どもや孫、友人たちを愛すること――に専念した方がいいと言っているそうだ。そして「あなたが出会う男なんて、どうせセックスのことしか考えていないわよ!」と言って、彼女の計画を思いとどまらせようとしたらしい。この友人は、ひょっとしたら彼女に女性同士のやさしく官能的な関係、やや恋愛寄りの友情を感じていて、それをとても喜ばしいことと感じていたのではないだろうか?――あたかも、こうやって同性愛に目覚めれば、男たちから解放されるとでもいうように。

しかし、女性に引かれなかったピエレットは、パートナーとなる男性と出会いたいという欲望を再確認した。性生活を取り戻すことと、恋愛することを分離するのは、彼女にはできない相談だったし、命じられたからといって、そうできるものでもないと理解していた。

だからといって、思い切って恋活サイトに登録することは、なかなかできなかった。今でもそうしなさいと勧めてくる友人たちもいる。というのも、彼女の付き合いの範囲に、彼女が探しているような男性はいないからだ。周りにいるのは夫婦ばかりで、自分が「未婚」女性と同じ部類、つまり、夫婦の仲をおびやかしかねない危険な異性として見られていると感じることも多々あった。彼女がどこかに招待されることもなくなったという。

「彼女たちはまるで、わたしが欲望を抱いていると感じて、本能的に自分の陣地を守ろうとしているみたいなの」

◆

63歳女性ソニアの話

相手がいなければ、自分で快楽を与えてみる

はじめの自己紹介のときから、**ソニア**は自分はバイセクシュアル（両性愛者）で、そのセクシュアリティでいることがとても幸せだと言っていた。幼少期をアルジェリアで過ごした彼女は、その官能のめばえを、当地でのきわめて特殊な思い出に託して語ってくれた。

ある日、ベビーシッターがハマム〔アラブ式公衆浴場のこと〕に連れて行ってくれた。そこでは、女性たちが、かぐわしい香気を放ち、艶めかしくマッサージを受けていた。

「ふくよかな体形の、豊満なオリエントの女性たちの腕がわたしを包み込んで、抱擁と愛撫をしながら、その香りをわたしの体に塗りつけたのよ」

ハマムの女性たちがそなえている体への感応、女性らしいやさしさの表現、それもきわめてエロス化されたそれが、のちの恋愛遍歴の形成のカギとなる

役割を果たしたとソニアは確信している。さらに彼女は、女性たちによって自分が女であることを肯定できるようになったとまで言った——なぜなら、冷淡で感情をあまり表に出さない母親のそばにいたままでは、きっと自身の女性性を見出すことはできなかっただろうから。

17歳のとき、彼女は自分の倍ほどの年齢の女性とはじめて同性愛の経験をもった。彼女とは6年間続いたが、女性がソニアの親友の男性と恋に落ち、ふたりの関係には終止符が打たれた。この別れは、ひどくこたえるものだったそうだ。

その後演劇を始めた彼女は、26歳のとき、「陽気で自然好きの美男子」と出会い、彼とも6年間付き合ったという。ソニアいわく、男性の体に触れるのも好きだけど、女性とセックスする方がずっといい、とわかったそうだ。きっと性に目覚めたときの最初の感情、「女性の体と、それを分かち合う感覚」が、そのセクシュアリティを決定付けたのだろう。しかしながら、ソニアは、自身が「同性愛者」に分類されるのを好まない。

「わたしは自分のことをマルチプル（多面性愛者）だと考えているわ」

はじめての男性との関係を解消し、友人として付き合うようになった後、ソニアはあるときは男性、またあるときは女性、年下もいれば年上もいるといった具合に、さまざまな交際を重ねては別れるという繰り返しを続けた。

「わたしから相手を振ったことはないのよ。男も女も、他の人の元へ去っていくのはいつも相手の方……。いつだって、わたしはそのことを受け入れてきた。相手のことを愛していたから。わたしたちのなかを、生涯かけて通り過ぎていく、いろいろな恋愛や出会い、そういう存在がわたしたちの実存を豊かにしてくれる——そう考えているの」

孤独の期間もあったし、その扱い方も彼女は心得ていた。

「バリに1人旅に行ったことを思い出すわ。70歳くらいの女性たちが、畑で働いているのを見て思ったの。ソニア、あなたはテラスに出てコーヒーを飲むこともできるし、レイプされたこともない。なににも束縛されず、こんなにも多くの驚きを得られるなんて、とっても幸運なこと——こんなふうに、自分の幸運をかみしめたの」

46歳で癌《がん》にかかったときも、彼女は持ち前のエネルギーと楽観主義、生きる喜びから力を振りしぼり、人生に立ち向かった。当時は17歳年下の女性と付き合っていて、闘病中の2年間、彼女の存在に支えられていたという。この女性は、寛解《かんかい》が告げられるまで、ソニアの元を去ることはなかった。別れた後も、彼女はとても大切な友人となったという。

わたしはソニアの話を聞き、その類まれなレジリエンス〔逆境をはねかえす力〕に感銘を受けていた。また、これほど多くの別れがあったにもかかわらず、相手と友人としての絆を維持して結び直す、その能力にも。今、彼女の性生活はどうなっているのだろう？

ソニアは現在63歳だ。独り身となって5年が経った彼女は、もう性生活から一線を退いたのだろうか？

「そんなことないわ」

とソニア。生きる喜びにあふれ、あたたかい心と愛敬をそなえた人は他人を引きつける。これからも出会いがなくなることはないだろう。未来の出会いを待ちつつ、ソニアは今ここにある楽しみ、泳ぎに行って水の流れに身を任せる快楽を享受している——そして自分を愛撫する快楽も。

「自慰ってすごいのよ。自分で与える快楽に浸るのって、とてつもないことよ！　わたしはわたしに快楽を与えたいからそうしているの。性の愉しみがないって文句を言っている女の人たちにもよく言っているのよ。『自分の両手があるんだから、それを使えばいいじゃない！』ってね」

だから、ソニアは自分に性生活がないとは考えていない。それどころか、幻想のなかでの方が悦びは一層、彼女が愛した人々の肉体の視覚化と結びつく。その体は、現にそこに存在する。

「快楽はすぐそこにあるの。そんなに難しいことじゃないのよ」

そう、一時的であれ、孤独になった時期にも性的な快楽に行き場を与えることで、自分自身が生き生きと鷹揚《おうよう》になれるし、親しみやすい心をもつことにもつながる、と彼女は言う。

「そうしていると、本当に磁石みたいに人が寄ってくるの」

そう言ってソニアは、前日、バスで隣になった、とある30歳のゲイの俳優が、やさしく彼女の手を取り、そっと口づけをしてくれたという出来事について語ってくれた。その仕草は、1日に必要な分だけの幸福をもたらしてくれたという。

彼女の友人たちは、相手がいないなんてもったいないし、なにかサイトに登録したらいいじゃないと勧めてくるそうだが、ソニアにしてみれば「出会いの魔法」を待っている方がいいらしい。

「わたしは男でも女でも、パートナーがいない今の移行期が、決定的なものだとは考えていないのよ。これから先どんなことだって起こるんだわ」

話を締めくくるかのようにソニアは、「老いを恐れないように。星座のように散りばめられた自分の手の甲のしみを愛しましょう」と言った。彼女は自身の老いに対して、自信やこれまで培ってきた経験、想い出や幻想、他者と生み出したいと願っている親密な触れ合い、それらの一切をたずさえて向かっていく。

「年を取るっていうのは、自分を深めていくこと以外に、なにかあるのかしら？」

◆60代女性ベロの話
女性同士で生きるこころみ

じゃあやってみたら？――一体どのくらいの60代女性が、そうしようか迷っていると言っていただろうか。以前からそうでない限り、彼女たちが同性愛者になることはない。しかしこの女性たちは、同性同士でマッサージをしたり、体を撫で合ったりして快感を与え合う、エロティックな親密さに参入する覚悟ならできているのだ。

例えば、カリフォルニア・マッサージの研修で仲良くなった女性と同居することにしたという**ベロ**の場合だ。

ふたりの共犯関係は、特段いやらしいところのないマッサージを互いに施した夜に始まった。彼女は女性の肌が好きで、穏やかにゆったりとした動作でそれに触れるのが好きだったそうだ。相手をリラックスさせられた後は、自分の気分も上がっていた。「元気にしてあげる」ことが、マッサージするときの自分の動機になっていることにベロは気付いていている。

原則として、マッサージをする人間は、される側の人間に愛着をもつことはない。でもこのとき、この友人とのマッサージでは、知的なレベルでの通じ合い――ふたりはどちらも心理療法に通じていて、そろって講演を聞きに行くのが好きだった――に加え、エロスや遊戯のレベルでの交流もあった。ふたりは時々、自分たちだけで夜会を開いていた。たっぷり入浴した後、どうすればもっと気持ちよくなるかをふたりで実践しながら、その方法を発見していく。しかもその手段は、尽きることがない！

男の人が恋しくならないかと聞くと、ベロは正直に、そうね、と答えた。

「そりゃもちろん恋しいわよ。オトコにしかないエロスの力ってあるものね。

でも、それがなきゃどうしようもないってものでもないのよ」

だから今のところは、一緒にいて楽しい、仲良しの友人との同居が、ベロにとっては都合がいいのである。

ノート❸　作家スティーブン・ビジンツェイが説く年上女性の役割

「手ほどきする女性たち」

「クーガー（年下食い）」の女性と聞いて、よい印象を持つ人はあまりいないだろう。若いオトコを囲って、自分のエロティックな欲望を満足させられるような絶倫の男を漁る熟女たち――たいてい、そのようなイメージを抱くのではないだろうか。一応言及しておくと、クーガー専門のポルノサイトに行っても、このイメージが改善されることはないだろう。

一般に、年上女性、それも自立していて、収入や退職前に貯めた貯金で、それなりに裕福な女性に引かれる男性をつき動かすのは、とくに、その初めの理由としては、経済的安定を求めてのことだろうと考えられている。

しかし、そう考えるだけでは、もうひとつの理由を見過ごしかねない――自分は女性を悦ばせられる男だ、という自己証明を得られるような、感情的なレベルでの安心感を求めていることだってあり得るのだ。

ある場所で、同年代の女性だけで内緒話を交わす機会があり、そこでわたしは、この女性たちが、行きずりの相手を再びセックスに向かわせることに一役買っていたこと、また、その役割は決定的なものだっただろうと確信した。

男性のパフォーマンスに対して偏見だらけの年下女性に「壊された」――彼女たちはそう表現する――男たちが、こういう年上の女性と付き合うことで、新たに自信を獲得するのだ。

わたしは、4年前から70歳の女性と幸せに暮らしていると言っていた、45歳の男性の話を思い出していた。この男性は、相手の体が若い娘のようでないことを認めながら、この「驚くべき女性」との関係をやめるつもりは毛頭ないという。

その経験の豊かさ、自分の欲望を素直に表現できる彼女を、彼はとても評価していた。

「彼女がこの年齢で、こんなにも魅力的であることに驚いたよ。そりゃあ、はじめて彼女が服を脱いだときはあまりよい気分じゃなかったけど。でも彼女の方は、自分の体を見せることにも、なかに入ってこられることにも、なんのためらいも見せなかった。だから、居心地の悪さも、すぐにどこかへ消えてしまったよ」

彼女と出会ったとき、彼は勃起不全に苦しんでいたそうだ。当時の彼は、なにかにつけ自分をおとしめたり、窮地に追い込む女性とのつらい別れから、ようやく立ち直ろうとしているときだった。

自信は完全に失われていた。この年老いた愛人に彼が偽りのない感謝を捧げているのは、自分の男性としての能力を回復させてくれたのが、他ならぬ彼女だったからだ。

男性に手ほどきする女性の役割を甘く見てはいけない。わたしは、年上の女性から愛の手ほどきを受けられる若い男は幸運よね、とずっと思っていた。さらに言うと、成熟した女性なら、勃起のことで悩んでいる男性が自信を取り戻す、手助けができるとも思っているのだ。

ついさっきまで、スティーブン・ビジンツェイの『年上の女――アンドラーシュの愛の回想』[1]を読み返していた。ベストセラーとなったこの性愛小説の冒頭には、ベンジャミン・フランクリンのこのような忠言がおかれている。「恋愛においては、若い娘たちより年高の女性を選ぶべきである……彼女らは世間について、はるかに多くの知識を身につけているのだから」

本の主人公である若きアンドラーシュは、25歳も年上のマヤとのはじめての交際を語る。マヤに愛の手ほどきを受け、大いに自信をつけた彼は、「リーダーの素質あり」と感じられるまでになった。

女性が去勢的な存在にならなければ、男性に自身がちゃんと男であるという感

1 訳注：邦訳は矢野浩三郎訳（富士見書房、ロマン文庫、1978年）を参照。2016年3月時点。

情を与えることができるのだ。ビジンツェイはその見事な文章のなかで、いくつかのヒントを提供してくれている。

「知っておくべきことはすべてマヤが教えてくれた。いや、『教える』という言葉は正しくない。彼女はただ、彼女自身とわたしを喜ばせたにすぎない（…）彼女はどんな動作にも歓喜をあらわした（…）彼女との愛の行為は、ふたりがひとつになることであり、同じベッドに寝た他人同士の内的自慰とは違っていた」

女性が男性に自信を与える最善の方法は、自身の快楽にひたすら専心し、それを相手に見てもらうことで、その快楽に加わってもらうことだ。アンドラーシュの語る愛の一体感は、女性が自分を見る男性にその悦びを与えるという、この方法を実践した結果なのである。

セックスに幻滅し、苦い思いをした女性たちと会話を重ねるなかで、わたしはその欲求不満の原因は、単純に彼女たちのなかにあると考えるようになっていた。彼女たちは自分自身の快楽を探そうとしていないし、それを相手に与えようともしていない。うまくいかないことを、すべて相手のせいにするようになるまでの距離は、ほんの一歩しかない。

性交渉の失敗は男性側に責任があるかのように言われているが、誤解もはなはだしい！　わたしは、67歳のある男性から、セックスをした相手に自分の局部が小さ過ぎると言われた、という話を聞いたことがある。そんなことは、彼は百も承知だし、ずいぶん前から、それが障害にはならないこともわかっていた。その「ハンデ」との付き合い方を心得ていたし、女性の方がもう少しペニスのサイズにこだわることがなかったら、愛の一体感を感じられるような秘技の数々を彼女にも披露できていたはずだ。

彼とともに、こうした愛の一体感に到達できた女性たちは、自分のモノの入り口で男性器――それがどのような状態であれ――を感じること、それによってゆっくりと快感が高めていくことが、いかに甘美なものかを熟知しているのだ。

アンドラーシュに手ほどきをするマヤは、彼があっという間に射精してしまったとき、腕と腿で彼を抱きしめ、そのままくるりと彼の上にまたがった。

「居眠りしてもいいわよ。今度は、わたしにやらせて」

こうしてふたりは、何時間でも愛を交わすことができる。そしてマヤのなかで彼が果てたとき、彼女はそのままでいて欲しいと懇願する。

「小さくなっても、わたしはそれが好きなの」。

性的な快楽に行き場を
与えることで、自分自身が
生き生きと鷹揚《おうよう》になれるし、
親しみやすい心を
もつことにもつながる

ひとりで生きる女性は、孤独
との付き合い方を学ばねばなら
ない。そして、年を重ね、経験
が豊富なシニア女性だからこそ
可能なこともある。

6章 別の性のありかた

◆新たなエロスへの移行

これまで、60代以降の愛のかたちという未知の領域を探検してきた。そのあいだ、わたしの頭には、ずっとこのような問いが浮かんでいた。老年期が、欲望と快楽の年代であるということはあり得るのだろうか？　それとも、死期が近づき、欲望や快楽から穏やかに離脱していくような意識で過ごしていかねばならないのだろうか？

わたしは専門家の助けを借り、こうした欲望の開花に歯止めをかける生理学的、社会的要因を検討してきた。第二の思春期を生きる60代の人々、ひとりで生きながら、できる限り孤独から抜け出そうとする、または孤独の時間と陽気に付き合っていく女性たちとの出会いがあった。セックスをする、しないにかかわらず、夫婦がずっと一緒にいられるのはなぜなのかを理解しようともしたし、これまであまり探索されていなかった、セックスをするのをやめてしまった人々の住まう一帯にも潜入した。

そして、ようやく今、問題の核心にたどり着いたのだ。老いてもなおセックスをするのが好きだというばかりか、前よりもよいものだとまでいう人たちがいる。一体、なにが彼らをそうさせているのか？

かくしてわたしは、愛を愛し、かつ愛し続ける人たちの住まう秘境に赴く。年を取っても性生活が途絶えることはない、しかし、それがまったく別のものだと声を上げることができる夫婦は、とても勇気があると思う。でも、彼らが語るその性とは、正確にはどういうものなのだろう？　加齢によって消えることのない欲望とは、なんなのだろうか？　体を重ねたいという欲望、肌と肌で官能的に触れ合うこと、慈しみとそこから生じる無限の可能性。これからはそういったものが重要になってくる。あの悪名高き「オーガズム」の代わりに！　時代が要請するルールに従わねばならないことを、息苦しく感じているカップルは多い。幸いにして老年カップルたちは、このオーガズムという暴君からついに逃げ切ったのである！　彼らは新たな性のありかたを発明する。例えそれがどんなによいものであったとしても、消え入りそうな下火となったかつての性のありかたを、バイアグラやアダルトグッズの手を借りてなんとかしようとしたって、しょせん、緊急避難のような行為に過ぎない。そうではなく、新たなエロスへと移行すること――一方が他方に、やさしくも官能的な自己放棄をするなかで感じられる、「巣のなかにいる」、「ひとつになった」ような感覚――は、親密な体を排除したりはしない。3章のフランソワ・ジュリアンなら、親密さの限りない深まり、と表現するところだろう。

◆

73歳女優マーシャ・マリルの話
60代以降に見つかる本当の悦び

マーシャ・マリル[1]から届いたすばらしい証言を、読者のみなさんと共有したいと思う。彼女のことはいつも知的で自由な女性だと感じていたし、著作[2]のなかで性を話題にするその語り口もわたしの好みだった。まったく気負いなく自然な態度で、きわめて自由にユーモアを込めながら、健全なかたちで性というテーマについて語る。彼女は、セックスを、露骨でない明けすけさでもって表現するという、やろうと思ってもなかなかできないことに成功して

1　1940年モロッコ生まれの女優。59年「熱い手」でデビューし、ゴダールの「恋人のいる時間」でシュザンヌ・ビアンケッティ賞を受賞。「愛のためいき」「愛と哀しみのボレロ」など出演作多数。69年に映画監督ビットリオ・バルディと結婚し、息子をもうけたが、81年に離婚している。

2　とりわけ Biographie d'un sexe ordinaire, Albin Michel, 2003を参照。

いる。矛盾したような言葉で申し訳ないが、その語り口をあらわすには、この表現がぴったりだと思ったのだ。さらにわたしが気に入っているのは、彼女が自分の性器を自立した人格のように扱い、それがなにを示しているか、つねに理解できるわけではないけれど、自分勝手に黙りこくったり、あるいはその反対に、逆上したりするものとして描いていることである。

性器は、マーシャが協力して欲しいと思っているときでも、ストライキを起こす。そう！「それ（性器）」がいつも、彼女の思い通りになるとは限らないのだ。

その彼女が82歳の男性と出会い、近々結婚する予定だという報道を知ったとき、わたしは勇気をもらったような気がした。

「貴女《あなた》からあふれ出る生きる喜び、その官能は、わたしたち世代の女性たちに、愛することをあきらめたくないという気持ちを与えてくれます」

そう手紙にしたため、わたしはぜひ話を聞いてみたいと依頼した。このテーマに感じるところがあったのだろう、マーシャはすぐに快諾の返事をくれた。

今、わたしの向かいに座っている彼女は、裾の短いカラフルなワンピースを着て、ラメ入りのまだら模様をした派手なタイツを合わせている。見た目は、ゆうに10歳は若い。それは彼女自身も十分わかっていて、自分の年齢を告げて驚かれることがよくあるという。彼女は現在73歳、もうすぐ74歳になる。[1]しかも、スキンリフティング（肌のたるみの治療）などはしていないらしい。いや、正確にはホルモン補充療法[2]（HRT）を続けていて、それにより活力を得て、肌質や関節の柔軟性を維持しているそうだ。彼女によれば「すべての女性がやるべき」ことで、それを禁止しようとしている人たちの理由には、

1　訳注：原書刊行時点（2015年）の記述。

2　ホルモン補充療法の効果については諸説ある。乳がんのリスクが懸念されるとして自分の患者にやめるよう促す婦人科医も多いが、他方で、そのリスクは言われるほど高くなく、この疑念の情報源となるアメリカの研究は肥満女性を対象としたものであって、条件が変われば結果も変わる、と指摘する人たちもいる。

あまり正当性がないという。

マーシャ・マリルは82歳の男性と恋に落ちた、今が盛りの女性である。間もなく結婚する、[1]そのお相手とは、かの高名な作曲家ミシェル・ルグランだ。ふたりの最初の出会いは40年前、リオデジャネイロで開催されたジャズ・フェスティバルでのことだ。当時、ふたりはどちらも既婚者だった。恋する気持ちはあっても、その出会いをなんらかのかたちにしようとはしなかったという。そして2013年11月、ふたりは再会する。お互い相手がいなかった彼らは、もう決して離れないと決断することになったのである。

お美しいですね、とわたしが言うと、

「愛されている女性は美しいものよ。愛されているとモテるのね」

と返す——結局はそういうことなのだと言わんばかりに。

老いの途上にある女性たちは、自分自身にどのようなイメージを持っているだろうか？　内面をいい状態に保ち、自己への配慮を、健康や体への気遣いを怠らなければ——筋力だけでなく精神面の手当てもしつつ、親しみやすく、他人に心を開き、陽気で、あらゆることへの好奇心を失わずにいれば、その人はキラキラと輝き、時間による体の劣化ものともしない魅力を放ち続ける。体と人格を分けることはできない。人を引き寄せるのは、その人なりの魅力と精神、生きる喜びをそなえた人格そのものだ。

つまりここでは、美しくあるための第一条件――自己イメージを美しく良好に保つこと――が語られていく。若い頃だってそうだけれど、年を重ねた今となっては、より一層重要となる。ナルシストになるとか、自分ないし、自分の外見のことだけ考えるとか、そういうことではない。自己イメージを自己愛のよき基盤とするためには、他人に対して開放的でなければならない。自己評価を土台として、はじめて相手にアプローチできる。あるいは逆に、相手を受け入れられるようになるのだ。

マーシャ・マリルも、食べ物には気を遣っていて、自分の体を「快楽のた

1 訳注：2014年9月成婚。

めに、もっと気持ちがよく、もっと官能的で、もっと強烈な快感を得るために」維持しているという。運動もしているそうだが、それは「年を取ると体が崩れる」からであるらしく、でも自分の「皺《しわ》はステキ」だと考えている。

「あなたも同じね！」

そう言って、わたしを楽しませるのを怠ったりもしない。

マーシャは自分の老いに「興味がある」のだそうだ。

「自分が年を重ねていくのを見ていたいわ。どうなっていくのかを見るのがおもしろいのよ。1日だって同じ日はない。愛されるっていうのは、ものすごいことよ。顔まで変わっちゃうんだから！　あなたはセックスした後で、若返った気分になったことはないかしら？」

彼女の本[1]に登場する、いつも複数の女性と付き合い、会う女性みなとセックスをするような恋愛エキスパートの男性と寝たばかりの女性の話を思い出す。自分が今していたことをかみしめながら、彼女は鏡に向かう。そして、目を疑うのだ。ものすごい美人というわけでもない自分から光が放たれ、一気に華やかさを増していたのである。

「愛の行為が、人を美しくするってことがあるんじゃないかしら?」

60歳以降であっても欲望を抱き、愛に対して開かれたままであり続けるための第一条件、それが自己イメージを良好に保つことであるなら、第二の条件は、愛や性の行為に、自分を見失うほど身をゆだねられるかどうかだ、とマーシャは言う。まずは自分をいい状態にする。その結果、安心して相手に身をゆだねられるようになるのだ。そうすればもう、「遅咲きの愛という謎」への入り口はすぐそこだ。そこに入ってしまえばもう、なにかを証明しなければいけないということもあまりないし、かつて、成功目標として設定したものの大部分は過去の産物となっている。つまり、そこには自由が待っているのだ。自分のままでいられる自由、時間の自由、快楽を選択する自由、そして、その快楽をともに味わう相手を選ぶのも自由なのだ。

1 Si je vous disais, Albin Michel, 2004.

マーシャ・マリルがこんなふうに言うのも、それを踏まえてのことだ。

「本当の悦びは、60歳を過ぎないと見つからないのよ」

ミシェルと再会する前、マーシャはそれなりに波乱に富んだ物語をふたつ、みっつ経験していた。それぞれが7年ほど続き、最後の相手との関係が終わったとき、彼女は自分の選択が悪かったのね、仕方ないわ！　とひとりごちた。だから、孤独はもう慣れっこだった。自分で生計を立てて、誰にも頼らずひとりで生きる、そのような自立した女性という社会的地位もそれほど悪いものではなかったという。

「過去にマルクス主義にかぶれていたからでしょうけど、男の人に養ってもらったことがないのよね。女が声を上げるには、経済的に自立していることが、すごく重要なの。だから彼と付き合うようになったときも、それなりに余裕があったし、彼にとってもいいことだったみたいね！」

「もし、わたしに誰か相手がいると知っていたら、あるいは彼に別の女性がいると知っていたら、わたしたちはお互いに接近することはなかったでしょうね。泥棒猫になるつもりはないし、オトコを寝取るなんて考えられないわ。そんな面倒を抱えて、ともに生きるのはごめんだわ。お互いにフリーだっていう偶然がなきゃダメなのね」

ミシェルは当時、連れ合いのハープ奏者と別れたばかりだった。「音楽への愛を共有」してはいたけれど、それ以上のことはなく、マーシャによれば、ふたりのあいだには喧嘩が絶えなかったという。そうして、彼らの関係には終止符が打たれた。

再会したときは、どういう状況だったのだろう？ マーシャはやや怖気付いていたらしい。ミシェルの方は克服こそしていたが、深刻な健康不安を抱えていて、それは間もなく彼女も知るところとなった。そこでまず、1週間ふたりで過ごしてみようということになった。しかしマーシャはそうするまでもなく、初日の夜からすでに、ふたりがまるで相手のためにできているかのように思えるほど、相性がよいことに気付いていたという。

「もうね、こんなことってあるのねってくらいにビックリしたのよね。不安なんてどこかに行ってしまったわ」

ふたりの関係はシンプルで自然なものだった。ちょっとした仲間意識やユーモアが、「気力も体力も衰え、美的観点からすると、あまりステキとは言えない時間」を乗り越えることを可能にしていた。笑い声が絶えないのよ、と笑うのが好きなマーシャが言う。笑顔は人の心を開放的にする。それは、人生は真面目に生きつつも、真面目に考えてはいけない遊びのひとつだということを教えてくれる——なんて奇妙な矛盾だろう！

あくる日の2日目、ミシェルは彼女に「結婚しよう」と告げた。このいさぎよい決断、男らしさをマーシャはとても気に入っている。

「わたしより先に、彼にはわたしたちの未来が見えていたのね。こんなふうに『見える』人は、彼がはじめてよ。でも、男らしいってこういうことじゃないかしら？　状況をしっかりと見据えて、それを引き受けてくれること。それが男らしさっていうものでしょう？」

わたしにも、マーシャが彼をとても尊敬していることが伝わってきた。

50

年前にはじめて出会ったときは、「お互いの人生を壊す」ことを望まなかったミシェルが、数10年後、マーシャが自分の出演する舞台の招待状を送ったとき、そこに添えられていた写真を見て「状況を俯瞰《ふかん》し」、この関係に身を投じたのだ。

「そういう直観を彼が抱いたことが、わたしにも自信を与えてくれた。こういうことがあるから、わたしはオンナでいられるのよ」

そしてマーシャは、「信じられないこと」が起きたと打ち明けてきた。

女性は50歳を過ぎると性的な満足感が増すとか、50代以降は女性の悦びが大きい年代とか、さらに、ある種の女性たちにとっては、もっとも悦びを得られる年代とか、そのようなことをわたしもあちこちの記事で読んできた。マーシャは今、それを実感しているのだという。

「これほどの快楽、こんなにも深い悦びは、味わったことがないわね」

これに対し、次のように反論する人もいるらしい。

「そりゃあもちろん、あなたは男性経験が豊富だものね！」

しかし、セックスの経験人数は関係ないと彼女は言う。

「自分をいかに捨てられるかの問題なのよ。なにも期待しないってことをわかってなきゃ。そうすれば、これから起きることは、これまで予想していたものを超えていくのだから。それって素晴らしいことよ。今まで性についていろいろ書いてきたから、まるである種の女性の自立だとか女性解放をあらわすお遊びみたいにとらえられて、何度もお叱りを受けてきたけど、でもそんなことじゃあ全然ないの！　解放されるなんてどうだっていい。試験には受からない態度でしょうけどね！　単に快楽とのかかわりかたが進化していくだけなのよ」

60歳以降にあらわれてくる、この「本当の悦び」って、でも一体どのようなものなのだろう？

「愛の悦びよ。愛なしのセックスなんて信じられないわ」

そう言って、彼女は話を続ける。

「もちろん愛のないセックスだってあるでしょうけど、60歳以降に見つかる悦びとはまるで違うものよ。わたしが言う悦びは、心も体も魂も、そこではすべてが渾然一体となっているの。互いに似通っていて、相手とひとしく愛し合っているようなふたつの存在が、高次元で出会うのよ。愛は、補完的なものでなきゃいけないってよく言われるけど、わたしはそうは思わないわ。一緒に暮らしていたら、そりゃあ補完し合った方がよいけれど、親密なエロスが手をつなぐ場面ではそうじゃない。求めるものや価値観が一致している必要があるし、同じ心象風景を見ていなきゃいけない。そこに違いがあったら、あるいはあり過ぎたら、最初のうちはそれもご愛敬かもしれないけど、すぐにうまくいかなくなるでしょうね！」

悦びの話に戻しましょう、とわたしは促してみる。それは他のものと、どう違うのでしょうか？

「わたしたちはひとつの目標、例えばオーガズムなんかを達成しよう、なんて思わないのね。イクかイカないかは、たいしたことじゃない。ペニスの長さとか勃起がどうとかオーガズムがどうだとか、そんなことを言っているメディアにはもうウンザリよ。こういう強迫観念って一体なんなのかしら？そんなのは悦びでもなんでもないわ。悦びを享受する方法は無限にあるし、しかも、そんな浅はかなものじゃないんだから」

マーシャとミシェルは、会話をしてから、愛を交わすのだそうだ。それを彼女は、こんなふうに説明する。

「ふたりで話していて同じ結論にたどり着いたり、相手に新たな発見があったりするような、美しい会話よ。話を切り出すのはわたしの方で、彼はすべて受け止めてくれる。これってすごいことだと思うけど、話をするだけで、それがわたしたちのセックスなの。いわゆる性行為は、そこから自然に発生するものだわ。それはまるで、相手のなかに自分の土台を築いているみたい――単にセックスだけじゃなく、体全体、愛を交わしていると考えることを通じて、そういうものができてくるの。わたしのオーガズムの回数は増えたわ。始めから終わりまで、ちょっとしたものやすばらしいことで、ずっと悦びを感じている。そして、これまで経験していたものとはまるで似ていないの。わたしたちはもっと先を行っているのよ」

その言葉を消化するように、わたしは思い切った解釈を試みてみた。

「つまり、愛の適用範囲が広いから、ずっと愛を交わしていられるし、ちょっと休んで、またベッドに戻ったりもできるということでしょうか？ありとあらゆるものがエロスになると？　もっと先を行くというのは、互いの愛を感じられるからなのでしょうか？　わたしはそれが聞きたいです」

マーシャの言う「もっと先」は、1章でも登場した、ジャン＝リュック・ナンシーが享楽を論じた本[1]のなかで触れている、「他処《よそ》」という言葉を想起させる。重ねてわたしは尋ねた。

「自己の外へ出ていきたいという願望、と言いますか、そういったものを今経験なさっているのでしょうか？」

肉体そのものは、前ほど重要じゃなくなっている、と彼女は言う。

1 Jean-Luc Nancy, La Jouissance, Plon, 2014.

「具体的なもの、物質的なものからどんどん遠ざかって、ほとんど抽象的なものになっていくのよ。もう別の世界にいるようなもので、汗をかいたりなにやかやあっても、肉体だけが問題になることはないわ。ふたりの体がどんな状態にあるのか——相手の、わたしたちの肉体ね——に対して許容できる範囲がものすごく広くなっているのね。外から体を客観視するなんてもうないし、むしろ体は体感するもの。見つめ合うことがあっても、そこで価値を付け合ったりしない。そりゃあ、若い頃は人から見た目で評価されて、安心したいと思うことはあるでしょうけど、わたしたちみたいな年齢では、ね。それに、愛の夜はひとつひとつが別々にあるわけじゃないのよ。それぞれが次の夜につながって、ひと続きのお話になっているの——わたしは、そこが面白いと思っているの。小さな章ごとに分かれてしまわない、ひとつの大きな物語が展開していく。ものすごく官能的で、他のところには決してない物語よ」

マーシャに満足感をもたらしているのは、ミシェルとひとつになっているという、この感覚だ。

「わたしたちはふたりでひとつ。愛を交わし始めて、それがどこかで止まるまで、わたしはひとりじゃなく、わたしは彼のなかに、彼はわたしのなかに潜り込んでいるの。わたしは彼の一部となり、わたしたちはたったひとつの存在になる。すっごくミステリアスよね！　何度も悦びの絶頂に達して、宙を浮いているような気分になることもあるわ」

このときマーシャは、テイヤール・ド・シャルダン（フランスの思想家、1881-1955）の言う、わたしたちが生身の存在でなかったら、そうであり得たかもしれない存在の形態をかいま見る可能性にも言及していた——そして、こう結論付ける。

「性とは、本当の性とは霊的なものよ。心も体も、同じひとつのものなの！」

愛を交わすことが本当の意味で成功しているなら、それに勝る行為はない。それは真の結合であり、わたしにとってそれ以外はない。

エロティックな愛の、霊的な次元を説くマーシャの話を聞きながら、わたしは、もうひとりの女性のことを思い出していた。レジーヌ・ルモワンヌ＝ダルトワとエリザベート・バイスマンの共著『欲望という名の年代』に出てくる女性のことを。

「愛の関係における霊性について言えば、例えばそれは、ふたりきりで、彼がわたしのなかにいる、動くこともないまま瞑想《めいそう》に近い状態で、宇宙とつながっているような気分になる、そのようなときのことを言うのです。それは絶対的な快楽――悦びもオーガズムもなく、ただ在ることの幸福を覚えることです。あたかも神と邂逅《かいこう》したような……。わたしたちのなかの一切が、相手に、世界に開かれているのです」[1]

マーシャ・マリルは、意識的に数々のクリシェ（決まり文句）をひっくり返しているのだろうか？　彼女が描いているものは、ロベール・ミスライが年を重ねていくなかでの発見について論じていた「新たな性のありかた」――自由で、遊び心がある、意識的な性のありかたと同じものだ。それは、年齢を重ねた成熟に特有のものなのだろうか？

そうね、とマーシャは返答する。

「なにも証明するものがないっていうのは、これまでにはなかった自由ね。きっとそれは、成熟していないと得られなかったものよ。なにも期待しない、目標をもたない、自分を捨てて身をゆだねる甘美を知ること――みんな、成熟がもたらしてくれたものだわ。若いときは快楽のことが頭をよぎってしまうし、自分にも、これからの行く先にも、疑う気持ちが生まれてくる――相手の願望に応えられているかしら？ ちゃんとセクシーでいられたかしら、ちゃんとセックスできていたかしら、どうなの？ってね」

マーシャは、つい最近、歌手のナタリー・ドゥセと会話したときのやりとりをかみしめていた。

「ナタリーはね、歌手として成功するという目標から解放されて、今は快楽のために歌っているらしいの。それと一緒よ。快楽のためにセックスをして

1 Un âge nommé désir, Albin Michel, 2006, P.124.

こなかったとは言わないわ。でも、そこにはいろんな影が混ざっていた。でも今は、もっと純粋な快楽がそこにあるわ。あらゆる可能性に開かれていて、その可能性を発見していくのが面白くてたまらないわ」

この「新しいことに対して前向きであること」は、「幸せに老いる」ための、ただひとつのカギではないだろうか。マーシャの話を聞いて、わたしはしみじみそう思った。

マーシャとミシェルが結婚という形態を、しかも「教会での」結婚というかたちを望んだのは、ふたりのあいだに「体同士、魂同士の結合」があるからなのだろうか？

マーシャ自身は信心深いというわけではなく、神の存在についても不可知論者〔超越的なものに対して認識できないとする立場〕であるが、それでも彼女のルーツは、ロシア正教に連なっているという。そしてロシア正教といえば、音楽だ。聖体礼儀で歌われる聖歌は、そうそうたる音楽家たちによって作曲されている。マーシャが、ミシェルにダリュ通りの教会で結婚式をあげようと提案したとき、このように言ったのだそうだ。

「正教の宗教典礼はね、コンサートなのよ。わたしたちは音楽のために結婚するの」

わたしも以前から知っていたことだが、正教会は「間違い」を許してくれるのだという。そして、3度までなら結婚できる。

「2度目の結婚なら白い衣装で式をあげられるけど、3度目の場合は黒服なのよね」

ミシェルは2度離婚していて、もちろん宗教結婚はできるが、そのためにはロシア正教に改宗する必要がある。ミシェルは、愛のためにそれを受け入れたのだ。

「自分たちへのご褒美よ」とマーシャ・マリルは要約する。宗教結婚をしようとふたりで決めたのは、この結婚が社会的な行為ではないからだ。彼らは——社会を前にして結婚するというよりも——人生にはサプライズがあることや、これから新たな人生をともに歩み、永遠の愛を生きるという誓いをすることを、世間に対して訴えたいのだ。

「きっと結婚の本当の意味は、シニアになってから再発見するのね——なんの役にも立たない、ただ喜ばしいだけの結婚よ」

家庭を築きたい若者か同性愛者でない限り、結婚というものがあまり意味をもたなくなってしまったこの世界に、ふたりの結婚がちょっとした波乱を呼ぶことをマーシャ自身よくわかっている。この結婚が常識から外れているというのは、双方の子どもたちがふたりの結婚に賛成していて、彼らが親の「結婚通知」を送ることからもうかがえる。

「わたしたちは自分たちの欲望をかたちにしただけ。でも、なにかを生み出す仕事をしているわたしたちには、それがお似合いだと思わない？」

◆ 60代男性レジスの話
粗さが消え、完成された性のありかた

1章冒頭の哲学者ロベール・ミスライの言う「高齢期を美しく彩るもの」

である、この「別の性のありかた」。読者のみなさんのなかには、もしかしたら、それについて語ることができるのは、女性だけではないかと思う人がいるかもしれない。だがそんなことはない。男性にも到達する手段はあるし、しかも、それが女性のおかげであることも多いのだ。以下のふたつの例から、それを見ていこう。

ジャーナリストの**レジス**は、ずいぶん前から、自ら望んで2重生活を続けている。妻とのあいだには4人の子供がいて、孫も何人かいる。長年にわたる愛着とともに築いてきた家庭生活を考え直したいと思ったことはないそうだ。とはいえ、魂のなかには愛を求める男が眠っていて、彼は自分を「生まれながらの恋愛気質」だと形容する。心のなかの、ある特異な部分を震わせていなければ、生きてはいられない人間なのだ。

「ぼくはいつだって恋をしていた。それが重要でなくなったことはなかった。それは苦悩を伴った白熱で、燃えるような恋にもつねに不安の針が刺さっていた。つまり自分に自信がなかったのだろうね。ぼくは長いこと炎のなかに、溶岩のなかにいた。稲妻のようにやってきては、いつもあっという間だったんだ」

40歳のとき、レジスは彼の導き手となる同年代の女性と出会う。彼は彼女のことをまったく愛していなかったが、彼女の方は、彼を愛していた。この関係が5年続いたという。

「彼女は、ぼくに気付かせてくれた。そして、きっと彼女も同時に気づいたと思う——愛が時間を超えて持続するものだってことに」

わたしの友人でもあるこのジャーナリストは、彼女と交際することが自信につながったという。

「ぼくのなかでうごめいていた、なにかをしずめてくれたよ」

さらに10年が経ち、彼はある女性と恋に落ちる。

「セックスをするとき、ぼくらは相手の目を見つめ合った。そのとき、こんなこと今までなかったことに気付いたんだ。挿入するってことは、相手の魂に潜り込むことだってことを、遅ればせながら理解したってわけだ」

そこで彼は、はじめて妻にすべてを打ち明け、ふたりのあいだに隠しごとをしないという賭けに出た。それは、彼の本当の闘いの始まりだった。

「妻と愛人を会わせるなんてバカなことをやろうとしたわけだよ。双方にとっては、それがとてつもない暴力だった、と今はわかっているけど」

率直でいることこそ、成熟のあかしだとレジスは思い込んでいたが、まったくの間違いだった。というのもその結果、今度は妻が浮気をし、彼はそれに耐え切れなかったからだ。逆の立場にはなれないと理解した。

「ぼくは恐ろしい嫉妬にとらわれた。それで、本当に鬱《うつ》病になってしまったんだ」

心理療法と薬によって鬱《うつ》から立ち直ったレジスは、すでに60歳になっていた。妻は別れをためらっていた。彼女は、新しく得たこの自由を手放したくなかったのだ。

ある日、レジスは妻から、あなたと別れるつもりはないが、他の女の話は耳に入らないようにして欲しいと言われた。夫のことはもう愛していないし、セックスにも興味がない。でも彼女にだって情があるし、子どもたちや孫たちもいる……。

レジスは「バカ」になったみたいに、ほとんどなにかに強いられるように、他の女の元へ走ったという。そして、友人のわたしに、夫が不貞をはたらくとき、その責任が女性側にあることはかなりあると言い募る。

「シベリアの冬みたいにふたりの関係が冷え切ってしまっているとき、よそに相手を作る男と、何年もセックスを拒む女がいるとしたら、本当に不貞なのは一体どっちなんだ?」

こうしてこのジャーナリストは、会う者は口説き、来る者は拒まずという生活に再び戻っていった。彼が女性たちに「結婚している」と言うと、みな驚きを示すらしい。

「へぇ、そうは見えないわね！　結婚している感じがまったくしないもの」

ある期間のあいだに何人もの相手と関係をもったが、すべて終止符が打たれることになった。その理由をこう説明する。

「女っていうのは、たとえ今、そういう相手がいなくても、結婚したいって思うものなんだよ」

彼はこの状況を幸せだと思っているのだろうか？　そんなことはない、とレジスは言う。ハッピーエンドの見えない麗しい物語をいくつも紡いでいるだけだし、自分が守ってきたと信じていた妻との関係も、幹の部分が嘘によってむしばまれていたからだ。

2年前、レジスは10歳年上の女性と出会った。そしてこの出会いによって、まったく新しいなにかを経験したのだという。

「最初、ぼくらは3日間一緒にいたけど、ぼくの方は、まったく『引き潮』だった。なにも起きようがなかったわけだ。むしろ、彼女がそれでもいいと思ったことに驚いているよ。もちろん、前にもそういうことはあって、たいていの女性たちは優しく、たいしたことないわ、とか言ってくれるものだけど。でも、3日連続で、全部ダメだったんだ！」

実際にはこの女性は、なにもしないレジスが3日間も自分と一緒にいることの方が理解できなかった。むしろ、彼は自分に興味がないと思っていた。

「そして4日目の夜、ようやく潮が満ちたんだ！」

彼女もレジスのことが忘れられず、ふたりは逢瀬を重ねていった。

それから1年が過ぎた頃、奇跡が起こったという。

「とつぜん、彼女のことが見えた。その美しさがね。外見の美しさとかじゃない、もっと別の、ほんものの美しさだ。顔から放たれる光というか……そういうものがあらわれた。こんなことは、はじめてだったよ。一瞬にして、あらゆる問題が、それに押し流されて行くのが見えた。ぼくは思った。もう現実や人生に、じたばたしたりはしない……彼女が、すべての女性の元型となったよ」

ここからレジスは現在形で語り出した——今も進行中の出来事であることが、わたしにも伝わってきた。

「ぼくが欲するものに合わせるような動作をするたび、彼女が正確なリズムで応えてくれる。彼女の発する言葉のひとつひとつが正確で、ぼくの男性性を最大限に引き出してくれる。今まで、こんなに息が合ったことなんてなかったよ！」

この1年で、彼は失われていた力を取り戻したのだ。

「ぼくらは1日に何度も愛を交わすことができる。強壮剤とか朝鮮人参を取ったからじゃない。魂の出会いだよ。ふたりで我に返ったら、信じられない！　って口をそろえるよ。ぼくは彼女を全面的に信頼しているし、彼女もぼくを信頼してくれている。勃起なんて、もう問題にもならないよ。日中、いろんなことに精を出していても、とつぜん愛の行為がはじまったりする。一瞬で火がつくんだ！　熱狂と平穏を同時に感じているみたいだ。まさにそんな矛盾を生きている。女友だちのひとりに、完全にエロティックなのに穏やかなままでいられる…そんな交際をしていると伝えると、『あなたは自分のシャクティ[1]を見つけたのね』って言われたよ。実際そうだと思う。ぼくは

1　ヒンドゥー教における、女性的創造の能力を司る神のこと。

自分が、粗いところのない、完成された性のありかたに到達したように思えてならないよ。他人とここまで共鳴するようになって、魂と魂がこんなふうに出会うっていうのは、新しい愛の技法なんじゃないかな。還暦を過ぎて、愛というパズルのピースがすべて集まって、より高いオクターブに移動する。いや、とんでもないことだよ」

一方、このエロスの通じ合いの外にある日常は、なかなかに受け入れがたいものになっていた。この女性もまた、ふたりの将来のことを考えられるようになりたいと望んだからだ。

出会った当初から、レジスは自分が独身者ではないと明らかにしていた。しかし彼女は、重要なのはそこじゃないと反論する。

「それは、たいしたことじゃないのよ」

これまでの関係を続ける覚悟を示しながら、彼女は同じ言葉を繰り返す。そしてお互いの感情にさまざまな想いが往来し、ふたりでなにかを築き上げることができないことに、彼女が不平を漏らしはじめた。この関係は「なににもならない」し、「行きつくところがない」。レジスは、なにかを築きたいというその欲望と直面しなければならなかった。

「なにを築くというのか？　こんな年になって、今さらなにを？」

ただでさえ不倫の負い目に押しつぶされそうなのに！　魔法の杖があったとしても、彼女と「築ける」ものがなにか、彼にはわからなかった。

「ぼくみたいな男にとって重要なのは、現在を生きることだ。いつもと違う夕暮れ、愛の夜――満足するのはこういうものだよ。それ以上のことは求めていない」

相手はこう答えた。

「わたしたちはもうこの水準にまでたどり着いたの。そして、まだその先がある……。ふたりの愛がその先まで突き抜けられないのだとしたら、あなたはそういうふりをしているんだわ……」

「ここにふたりの不一致があるわけだ。彼女は最後まで突き抜けるべきだと考えている。行くところまで行くべきだと。気の強い女だよ。かんしゃくを起こすこともあるし。ふたりの関係が、いつまでもぼく次第だってことがわかっていない。妻と別れないという古い絆の力を尊重することが、ぼくにとって動かしがたい基準だってことを、相手に納得させることができていなかったわけだ。だけど、そのこと自体、ぼくが自分にとって重要なものに忠実だってことを証明している――彼女はそれを理解すべきだよ」

レジスは、ときどき地獄を生きているような気分になるとこぼす――自分の方に毛布をたぐりよせ、彼を手も足も出ない状況におとしいれようとする2人の女性に引き裂かれながら。

いずれにしたって今も、大家族と「シャクティ」を同時にやりくりする重婚をしているようなものだから、あなたが「族長」みたいに振る舞えばいいじゃない？――わたしはそう尋ねてみた。

「それぞれにあてる時間割はあなたが勝手に決めればいいし、どっちも安心できるような枠組みを与えて、それを守らせればいいのよ」

そいつは名案だというようなそぶりは見せたが、その後、彼がどうしたのかはわからない。

この男性レジスの証言は、マーシャ・マリルの実体験からわたしたちが見つけてきたものと、まったく別の文脈に属している。でも、ひとつだけ共通点がある。

60歳を超えると、これまでとは異なる性の発見があり、しかもそれは、粗さが消えて、より完成されたものである、ということだ。

◆ 60代男性フォルコの話
パートナーと共有されたエロスの世界

もうひとりは研究者の友人、**フォルコ**だ。彼のことは大好きだが、この男性もまた、愛に生きる種族の子孫だ。官能的な唇と天使のような甘いマスク、さらにそれと対照をなす男らしいまなざしの美丈夫である。結婚してだいぶ経つし、自分の子どもと、その母親である妻にも愛情を注いでいるように見えるが、その裏で、自分よりもずっと年下の女性たちとの恋愛を続けていた。

一体なぜ？　もちろん、わたしはこの質問を彼にぶつけるつもりでいた。しかし、さかのぼること1年前、あるシンポジウムで、彼は自分より少し年上の女性マリーと出会い、以来、ステキな癒やしの物語を彼女と生きているのだという。

シンポジウムの午前の部で視線と思考を交わし合い、お互いに相手の発言にも考えにも興味を抱いた。それからすぐ、また会いたいですねとメールを送り合い、カフェで待ち合わせをして再会するまで、きわめて自然にことは進んだ。互いに引かれ合っていることは明らかだったし、ふたりの気持ちは通じ合っていた。甘美な動揺が伝わってくるのだ。彼女は魅力的で、間もなくフォルコは、自身がもっとこの関係を深めたいと思っていることに気が付いた。

そこで、自分たちのプライベートな話題に触れた。てっきり既婚者か、そうでなくても相手がいるだろうと想像していたが、彼女はひとり暮らしだった。つまり、早々に態度をはっきりさせなければいけない。自分は独身ではないし、その見込みもなかった。でも、恋する気持ちがもつ、あの強烈さが必要だったし、これまでもずっと、そのための時間をどうにか捻出してきたのだ。矛盾だらけで、きわめて複雑な状況にありながらも、だまそうというつもりはない、そのことを始めから理解してもらいたかった。では、彼女はそれをそのまま受け入れたのだろうか？

それはちょっとした賭けだった――誰にも言えないような恋愛関係から生じる欲求不満に悩まされるよりも、真剣交際に発展するような出会いを求めていた68歳の独身女性にとっては。世間から隠れる必要のない堂々とした関係の方がずっといいのはもちろんだ。しかし彼女は徐々に、フォルコの提案する冒険に引き込まれていった。

恐れがなかったわけではない。「フリーではない」男に執着することがどんなに「危険な」ことかは、十分わかっていた。でも、彼に引かれるその気持ちは、もっと知りたいと願うことから生まれるリスクもいとわないほど、強烈で奇妙な感情だった。

きっと彼女は、ふたりの出会いに秘められているエロスの可能性を、なんとなく予感していたのではないだろうか。彼女はこうつづった文章をフォルコに送った。「たまたまこんな厄介な立場におかれたけど、こういう状況ははじめてじゃないし、一時の気の迷いなんかじゃない。欲望とその実現とのあいだにある、不確かで、あるかないかの微妙な距離を越えられるかどうか、わたしにははっきりわかっているの」。彼女には、自信があったのだという——複雑な事態を生き抜き、底の底まで潜っていける能力が自分にはある、と。他の偶然のすべてを手放し、欲望に対して忠実になること以外、彼女ができることはなかったのだ。それはつまり、できる限り意識的に、この分裂した状態を生きるということだ。

彼女は自身の欲望が坂道を転がるのを追っていった。行き先は、欲望と人生の成り行きが決める。はっきりしているのは、ふたりのあいだにはすぐさま欲望が湧き、やがてそれが愛になったということだけだから。

フォルコがこの話をしてくれたとき、これは長続きしないだろう、とわたしは思っていた。すぐに飽きてしまうだろうと思っていたのだ。そのため、彼と電話で話す機会があるときはいつも、この道から外れた恋の進展について尋ねていた。

始めのころ、フォルコはふたりのあいだの感情がどんどん強くなっていくことを怖がっていた。ある種の「狂気」となって、双方によくない結果をもたらすことにならないかを恐れていたのだ。実際、ふたりはかなり頻繁に会うようになっていたし、あちこちで数日間をともにすることもあった。そして、彼はいつも幸せな気分で家族の元へと帰っていった。かなり厳しい制限のなかでも、相手の女性に尽くしている気になれたし、そのことによって、自分もまた、尽くされている感じが得られていたからだ。

ふたりが良質な関係を築いているのは明らかだった。そしてその中心にはエロスの次元がある。彼が、とりわけ感銘を受けたのは、ふたりがすぐに、あんなにも自然な流れにのって、お互いの親密な領域へと入っていくことができたことである。それはふたりがまだ、ほとんど他人と言っていいときだったのだ。

現在の彼らは、何時間もかけて、ゆっくりと穏やかに、ときには情熱的にセックスをするのだという。そのときはお互いに、相手のことしか考えない――さすがにわたしもこのような愛の交わしかたにはうっとりしてしまう。60代のセックスについて本を書くから、あなたの証言もそこに入れたい、とフォルコに頼んだのはこうした理由からだった。ずっと年下の女性に引かれていた彼が、どうして年上の女性に魅せられるようになったのか？　それを彼自身の言葉で語ってもらいたかった。それから、この恋愛が彼になにをもたらしたのかを――読者のために。

どうして年上か年下か、が問題となるのだろう？　よくあることだよ――男は年を重ねるにつれ、パートナーへの関心をなくして、もっと若い女性に走ることがたびたびある。「若さ」は性的能力と同じような意味合いで、自分たちをよく見せるナルシスの鏡を提供してくれるから、それで自分を安心させたいのだろう。そう言うとフォルコは、自分より若い人を性的に求めるのは、男女ともにそうじゃないかと指摘した。確かに、同じような理由でかなり若い男性に魅かれる、それなりの年齢の女性たちもいる。単純に考えても「クーガー」は世間からはあまりよく思われていないし、このように呼ばれていること自体、そのことは明らかだ。

年下の相手になにを求めているかといえば、彼らと付き合うことで自分が若いと感じられることだ。そこには「高揚感がある」とフォルコは言う。「力がよみがえってくるし、ぼくらの年齢ではもう禁じられてしまっているような夢を見ることができる。今、年上の女性と付き合っているからといって、こういう力をあきらめたわけじゃない。ぼくはそれが彼女とだって可能だということを発見しつつある。そんなこと、今まではなかった。それができるのは、きっと彼女が若いからだろうね。若さは年齢と関係がないんだ」

ある種の成熟と結びついたこの内面の若さには、独自の魅力がともなっている。彼女のような世代の女性と愛を交わすというのは、相手からの叶えられない要求に直面せずに済むということでもある。要求はなにもセックスにかかわるものだけではない。一緒に暮らしたいとか、子どもが欲しいとか、そういった要求は、60代が求めるものとは一致していない。

フォルコの周りには、いわゆる「人生をやり直した」同世代の知人男性がいて、若い女性とのあいだに6、7歳の子どもたちがいるという。

「よく思うのは、彼らは彼らで、それなりに幸せそうだが、たいていは妻の欲望を後追いしているだけで、自分たちの人生を妻の欲望でまかなっているように見えるんだ。これはちょっとした『代償』だよ。自分の欲望が純粋なものじゃなくなるのだから」

子どもが欲しいという願望がもうない女性の場合、欲望はもっと別のものになる。とくに、孤独から抜け出すためとか、またパートナーが欲しいというような明確な期待を抱いていない場合は、快楽もきっと、より縛りのないものになるだろう。

「仮に、その人が自身の欲望と向き合っているとして」とフォルコは話を続ける。

「その複雑な欲望を複雑なまま、相手と探求することを受け入れるなら、それは『理想的』な状況だと思うよ。たぶん、かなり珍しいケースだろうけど」

エロスにおいて「理想的」なこの状況に、今まさに自分もいる、と彼は考えている。

「彼女が見せてくれる愛の才能の一切に、ぼくは感銘を受けている」。彼が出会ったのは、非常に官能の強い女性だった。ふたりの官能が出会うことで、エロスの遊戯が限りなく発明されてゆく。

「自分の抱く快楽がもっと先に進んだと感じたときはいつも、相手がぼくに身をゆだねてくれている。相手に快楽を与えられる可能性を、僕に与えてくれるからなんだ。つまりは弁証法さ。自分を捨てて身をゆだねるっていうのは、与えながら受け取るということだ。このふたつは同時でなければいけない。受け取ったから与える、というような順番ができてしまってはいけないんだ。ある意味、とても繊細なバランスをふたりで作る必要があるし、自分の手綱を放しつつ、逆説的に『そうするのを監視する』ことが前提になるわけだね」

フォルコはその複数ある意味を示すために、サーフィンのイメージを用いて説明してくれた。彼にとってそのイメージは、フィニッシュをこらえつつ絶頂を迎えるときに感じる快楽であり、マリーの反応を確かめながらも、彼女が身をゆだねるままに、自らも身を任せるということである。

「まるで、ぼくの感覚が急激に発達したみたいな感じだ。体全体がひとつの感光板になって、彼女の体の動きのひとつひとつを反射しつつ、ぼくがその動きを猛スピードで解釈する。間違えるかもしれない危険はつねにあるし、こうじゃなかったとか、ふたりの快楽がたったひとつのものになったように一致したとか、その都度、新たな発見がある快楽も含まれている。だって、ぼくらはふたりでこの快楽をここまで築き上げたんだ。このときの体はその結果だよ――ぼくらの共有するこの体だ。この年齢だからできたことだろうか？　これまで沈殿していた官能が、もっと先に進むための自信をぼくらに与えてくれたということはあり得るね――もちろん、それを許してくれるような人に出会わなきゃいけないけど」

この蓄積された官能の厚みは、加齢によって獲得されるものだとフォルコは考えている。もっと時間をかけたいというような、ある種のスローなものへの欲求が出てくるのも、おそらく加齢によるものだろう。それはきっと、あまりに生き急いできた人生を送ってきたために、これまでは自ら禁じてきたことなのだ。愛の強さや感情、感覚の強度は、若さと結びついているわけではない――彼はそのことを理解しつつある。マリーとフォルコの愛の強度は、若者たちより劣ってはいない。むしろその逆なのである。

「まったく、おどろくべき体験だよ」

そう言ってフォルコは話を結ぶ。

「相手に対して開放的になり、好奇心と愛の欲求をもつこと――これまでにも、そういう体験に深くかかわってきたなら、年を重ねるごとにセックスはよりよいものになっていくと思うよ。逆に言うと、そういう体験がないと、なにも豊かになることはないだろう。性愛関係っていうのは実際、深いところで倫理的なものとつながっている。肉体の親密さはとてもやっかいで、はじめて愛を交わすことが許されるときはいつも、まるでこのはじめてしかなく、一度切りかのように愛を交わしているのだよ」

ふたりがはじめてセックスをしたとき、フォルコはやや気後れしていたという。今まで体験したことがない肉体との出会いに、自分の欲望が戸惑わないか、不安だったのだ。最後まで完全に彼女としたいと思えるだろうか？　欲望がなえてしまって、彼女を失望させてしまわないか？　そのどちらとも、確信が持てなかった。

「はじめのとき、ぼくのモノはあまり硬くならなかった。膨らんではしぼみ、しぼんでは膨らむという感じかな。未知の女性を前にして、不安と疑念にとらわれていたのだろうね。彼女はなにを期待しているのだろう？　はっきりした欲望はあるのだろうか？　男として彼女の気に入るようなタイプになれているだろうか？　もう少し乱暴な感じにした方がいいのか？――こんな疑問や妄想が頭のなかを渦巻いて、ふたりのあいだに干渉してきた。でもそれは透明な網みたいなもので、だんだんと相手のことが見えてきた。はじめてのとき、悦んでくれたかは知る由もないけど、彼女がぼくの慈しみを受け入れてくれて、口づけを求めてくれたことはわかっている。ぼくを本当に気遣ってくれているのがわかったし、彼女の快楽だって感じられた。それで、ぼくも奮起したんだ。ちょっと『高圧的』だな、と一瞬思ったりもしたけど——動かないで、なんて指示をすぐ出してきたからね。なんでも彼女は、『タントラ的な女性』なのだそうだ」

「だから、ぼくらはゆっくりと愛を交わし始めた。そっとやさしく、相手のなかに挿入し、そのままじっと動かないままでいる。それから振り子のように腰を軽く動かすと、彼女もそれが好きだとわかる。2度目のとき、ぼくの不安も消え去っていたけど、それでもまだ尻込みしていたよ。最初のときよりも動いたら、それも好きだと言ってくれたんだ」

マリーはどんなふうにセックスしても、そのすべてを愛してくれる。彼女には固定観念というものがないのだ。

「それからぼくは、ぼくらの体をイメージしてみることにした。もちろん、しようと思ってそう決断したわけじゃない。自分のなかで、そういうイメージができてきて、それと同時にそうしたいと望むようになった。彼女が特別な官能をそなえている、愛すべき女性だということが、ぼくにはすぐ理解できた。彼女は愛に貫かれていると感じたいし、そうでなくちゃならないと考えている。この年代の女性にそんな人がいるとは思ってもみなかったよ」

はじめ、フォルコはこう考えていたのだ——マリーにはなにかしら要求があって、こうして欲しいという期待があるのだろうと（多くの男性はここで身動きが取れなくなってしまうのではないだろうか？）。しかし実際はそうではなかった。彼女はどのようなことでも受け入れてくれるように思えた。それはエロスに関してだけではなく、知識の面でも。

「新しいことにこんなにもすぐ適応できる人と出会うことはめったにないよ。それでいて、とても強い信念をもっている女性だ」

彼女にはどこかきっぱりとした、なにかに衝き動かされているようなところがあり、かつ、なににも縛られない自由をそなえているという。

「肉体的な意味でもそうだね。ぼくが連れ出そうとするところへ、彼女は、いつもついてきてくれそうな気がするよ」

フォルコはなにを伝えようとしているのだろう？　わたしは、彼の話――こうも多くの人たちが、もう面白いことなんて起きないと諦めてしまうような年齢で、なおも崇高なエロスとの出会いが起こり得るということ――に、つい引きこまれていた。そしてまた、年齢を重ねてから、未知なるエロスの領域を発見したというマーシャ・マリルの証言を思い出す。

「そう、マリーは他の誰とでもなく、自分とだったからその先に進んだのだ」とフォルコは言う。自分が彼女をその先へと進める役割を演じたから、彼女もまた、自分に広大な宇宙を開いてみせたのだと。

「舌や手やぼくのモノで彼女の体を探っていくと、その震えが深く感じられる。だからこれは、肉体的にも精神的にも、とんでもない体験だよ。今でも覚えているけど、ぼくらはもう止まれないのではないかって思ったことがある。オーガズムが、終わることなく次々にやってくる。まるで、ジャズ・ミュージシャンが息継ぐ間もなく、楽器に息を吹き込んでいるみたいに。それを止めるものはもう何もないみたいだった。止められるのは、演奏家の呼気と吸気によって変調してゆく、音楽そのものだけなんだ。あまりに強烈で、ちょっと怖くなってしまったくらいだよ」

このような快感を女性が得ていれば、男性の自己愛を満足させることにもつながる。フォルコはそれに気付いていたし、だからこそ自分の男性としての能力を試してもいるのだ。だが、彼の語ってくれたことはそうした段階をゆうに超え、はじめこそ快楽の重要な要素であった自身の男性能力は、強度をもったエロティシズムの共有を前にして、徐々に存在感を失っていく。「肉体的な愛に霊的な次元があるか」という問いの中心には、この共有されたエロスの世界がある——わたしには、そう思えて仕方ないのだ。

「ここではもう、自分自身は問題じゃない。『他なる自己』あるいは『他であり自』が問題となる。完全に自分自身を放棄するわけじゃないから、それは『自分』の他の部分であり得るし、ほとんど全面的に放棄するほど、自分を他者に向けて超えていくのだから、自分とは『他なるもの』でもあるかもしれない。与え、かつ受け取る快楽、与えるがゆえに受け取る、受け取るがゆえに与える、その快楽の魔法は、この『ほとんど』と『完全ではない』が共存する境界上で発生するものなんだ」

この「自己の忘却」を生きられたのは、マリーが完全なる真率さと、「つねにもっと先へと誘い込むような、はかりしれない熱情」をそなえているからだとフォルコは語る。

彼自身、不思議なトランス状態に接近するような境地に達したことが、何度もあるという。

「ぼくは『霊性』という言葉の意味を、『官能性』という言葉の反対語として理解している。このようなセックスをしたことはこれまでなかったけど、悦びの絶頂に運ばれながら、苦痛にも似たものを感じることがあるんだ。それはまったくの新体験だったよ。ぼくは、ほとんど息苦しいくらいの快楽を与えるという快楽、つまり、共有された快楽に耐えているのかもしれない」

タオイズムの愛の技法と同じように、フォルコはあまり射精をしないという。これもまた新しい。

「でもこうしていると、どこか別のところへ、さらに先の場所へ行ける気がする。ぼくはこれまでも、この並々ならぬ快楽を『我慢する』習慣があったけど、それともまた違う。『我慢する』なんてもう考えなくてもいい。ただ彼女とその快楽に集中しているだけだ。それだけでぼくは文字通り、どこかへ運ばれていくのだから」

フォルコの証言は、二重の意味で興味深い。彼本人がすごい、というのは言うまでもなく、60歳以上の女性でも、男性を悦びの絶頂へと導くことができるというのだから。そしてそれはおそらく、彼女がその年齢になってようやく自身の官能を自由に生きられるようになり、自己を放棄して相手に身をゆだねることができたからだ。年下女性との経験を積み重ねてきたフォルコも、マリーには驚かされている。

「彼女は『相手のなにか』を待ち望んだりはしない。ただ、『相手』を待ち望む。相手のすべてをあるがままに待ち望んでいる。そのような感じだよ。そんなことができるのは、たぶん、これまでの人生経験のすべてが関係しているのだろう。どうかな。でもこういう彼女の特別な適応力がなかったら、こんなにうまくいかなかったってことは確かだね。年を重ねると、体も賢くなるのだろうか？　一番合っているものがはっきりわかるようになるのかな？　そうかもしれない。だけど、まだまだ体に耳を傾けなきゃいけないし、それを可能にするのは、愛に対する、こうした自由な態度なんだよ」

ノート❹

哲学者ロベール・ミスライの考える愛のかたち

「人生において、喜びを選択すること」

旅もここまできて、そろそろ『愛の喜び』[1]を読み返したくなってきた。本書の冒頭で、哲学者ロベール・ミスライについて少しだけ触れたことを覚えているだろうか。

本のなかでこの老哲学者は実体験をつづっている。自身のこれまで経験したこと、現在の年齢[2]になって今経験していることを。このかなり高齢の男性の愛や欲望に向けるまなざしは、きわめて貴重なものだと思う。

愛の成熟への道中にいるすべての人たちにとって、「愛の喜び」は、要求されるものは多くても到達可能な地平であり、それは望ましいものでもある、とミスライは言う。それはこの哲学者にとって、自身の思考と人生の「根本をなす賭け金のひとつ」なのだ。人生のにおいて、「喜び」という選択肢を設けることは、それ以外の実存形態よりも好ましいものとなる。

彼は「愛の喜び」を妨げる障害についても、緻密な分析を行っている。そしてその結果を、一夫一婦制（モノガミー）に由来する、愛の終わりをもたらす倦怠《けんたい》、一方による他方の支配、独占欲とそこから派生する嫉妬、誤解、裏切りだとしている。そして、自由と内省を与えられた存在であるはずのわたしたちが、どうすれば、これらの障害を回避し、乗り越え、新たな道を「発明する」[3]――この語が何度も繰り返される――ことができるのかも示してくれている。

また、ミスライは、性それ自体が目的であるような性のありかたへの嫌悪につ

1 Robert Misrahi, La Joie d'amour.Pour une érotique du bonheur, Editions Autrement, 2014.

2 ロベール・ミスライは1926年1月3日生まれ。

3 愛の中心にあるこの「発明」という考えを見事に発展させたものとして、Gilles A.Tiberghien, Aimer, une histoire sans fin, Flammarion, 2013がある。

いても語っている。つまり、「単純な性欲を発散させるためだけの夜、魂のない乱交パーティ、セックス消費を第一とするスワッピング、経験人数をひたすらに重ねる性的放縦」[1]といった類のものだ。「最良の場合でも倦怠《けんたい》と退屈のみを、最悪の場合には愛の欠落が明らかなために引き起こされる孤独と、不条理がゆえの不安を生み出すことにしかならない」[2]ような性のありかたである。

彼は知っているのだ。時間が愛にとっての脅威であり、愛を破壊しダメにするものであることを。習慣が愛を殺すことを。また、老いによって事態が変化し、一定の時間が経てば倦怠《けんたい》感が表面化してくることも。それでもなお、彼にとって愛とは真に生きられるに値する唯一のものであり、わたしたちすべてがあらゆる失敗や災いを経験するとしても、愛がそれ自身の目的に達するための解決策はきっとある、ミスライは確信をもってそう断言する。

愛の目的とはつまり、その「喜び」であり、「完成」なのだ。また「発明への道」は、どのような年齢でも可能な道なのである。

高齢に達したこの男性が、わたしたちに向けて自分の体験を語ってくれているのに、どうしてそれを真剣に受け取らないでいることができるだろう?

欲望は、とつぜんわたしたちを襲うものかもしれないが、それに対して、愛は築かれてゆくものである。愛の悦びとは、ひとつの選択肢なのだ。悦びを望み、享楽を求め、自由を欲すること――この3つは、幸福なるエロス的世界のなかで緊密に絡みあっている。I章で述べた、例の「高齢期を美しく彩るもの」でもあり得るし、「具体的な体、肉も欲望もそなえ、感情や快楽にもだえ、震えや愛撫にさらされる体」[3]にかかわるものである。

そこに到達するためのヒントを、ミスライは伝授してくれる。「喜び」が宿るために、肉体や精神と「いかにして付き合うか」[4]を教えてくれているのだ。

1・3 Robert Misrahi, La Joie d'amour.Pour une érotique du bonheur, Editions Autrement, 2014., P.8.(ミシェル・オンフレによる序文)

2・4 同右 P.20.

享楽を目指すためには、転向することが前提となる。この哲学用語は、宗教の転向（＝改宗）とはなんのかかわりもない。ミスライが好んで使うこの語は、人が愛を「築きたい」と欲したとき、自由を賦与《ふよ》されながらも、そのひとりひとりに求められる内省のことを指している。転向とは、愛の実践者が「高次の愛」に達したいと望んだときに促される、内的な作業を指す言葉だ。

嫉妬だったり独占欲だったり、愛を暗礁に乗り上げさせる障害をよくよく考えてみること――もし、そうしてみようという気があるのなら、愛は別の概念へと変わるだろう。パートナー同士のお互いの自由が尊重され、相手がどのような人なのかをもっとよく知るためにどうしたらよいか、そうした問いを避けては通れないような愛へと移行するのである。

ロベール・ミスライは、愛への障害は、「無理解」ないしは「誤解」に基づくものだと分析している。愛していると思っていた相手なのに、時間が経ってみると、その人をまるで知らないということに気付く。人は、それが誰なのか、本当の意味では知らないのだ。いわば、共同生活を築く基盤そのものが腐っているのである。あるいは、相手の方があなたのことを理解していないということもあるかもしれない。そして、それは相手に親密さへのアクセスを禁じていたからかもしれない。あなたは批判され、なじられる。自己評価を傷つけられ、踏みにじられる。こんな状態でどうして、一夫一婦制度や、そこについてまわる性的独占といったものに内在する人類学的な困難に、夫婦が直面せずにいられるだろう？このような夫婦が生涯、貞節を守り続けていられるだろうか？

「あらゆる主体は、同じ環境に長いあいだ甘んじることに適しているわけでもなければ、それを承認しているわけでもない」[1]のだ。とはいえ、あやまちが快楽になったとしても、それはたいていの場合、嘘という二枚舌をもたらす。相手との隔たりは放置され、さらに広がっていくだろう。「だまされた」側がこの裏切り

1 Robert Misrahi, La Joie d'amour.Pour une érotique du bonheur, Editions Autrement, 2014., P.71.

を「象徴的殺人」として経験するとすれば、だます側、それも、わけもわからずこの侵犯行為に及んでしまった者は、自分の存在の深い部分が「象徴的に無化」されていると感じるだろう。沈黙や無理解は、いつかふたりの心を離反させるだろうし、そのもっとも起こり得る結果は、愛の企ての失敗である、とミスライは言う。ここでは、相互参加という原則の有効性が再審に付されている。[1]

じゃあ、どうすればいいのだろう？

こうした病のすべてに対する特効薬は、重婚を制度化することではない。重婚もまた、一夫一婦制に劣らず苦悩を生むものである、とミスライは証明してくれている。性的放縦や行きずりのセックスにあるものでもない——それらは愛とは無縁のものだ。ひとりにしろ複数人のにしろ、その特効薬は、愛される存在を尊重するような愛の形態にしか存在しないのである。そして、愛の形態のなかでも、単一的、相互的、かつ忠実な愛というのは、かなりまれで例外的なケースだと彼は言う。忠実な愛とは、「双方が相手を、肉体的にも人格的にも、つねにもっと知ろうと決意」し、「ある時間のあいだ、また時間の経過につれて、その愛、親密さ、慈しみといったものをともに進化させていく」、そのカップルが、ともにそう「決意する」ことを含んでいる。「このようなカップルが目指すのは、相手の奥底にあるものへの理解を無限に深化させ、その人格と限界を受け入れることだ」。

愛の終わりにつながる苦悩を生まないとされる、もうひとつの愛の形態は、多面的な愛——いくつかの愛を同時に、かつ完全な自由と平穏のなかで生きる可能性——である。

一体、彼はなにを言おうとしているのだろう？　すでにたどってきたように、ミスライは性的放縦を断罪しているし、「多面的な愛」という表現にしても、乱

1　Robert Misrahi, La Joie d'amour.Pour une érotique du bonheur, Editions Autrement, 2014., P.56.「相手による自己への無理解、自己の価値やその創造への無理解に対し、入念に沈黙を守ればなお一層のこと、主体は苦しむことになるだろう。不均衡（一方が話し、他方は黙る）は、距離と分離を増大させる」。

交やスワッピングとの関係があるわけではない。また、互いの透明性を確保した上で複数の愛を擁護しようとする、例の運動〔ポリアムールのこと〕とのかかわりもない。「一方が他方にこう言うとする。『わたしたちは愛し合っていて、かけがえのない単一性を形作っている』。そして同時にふたりは、あらゆる伝統、あらゆる道徳から解き放たれた存在でもある。だからともに、お互いの冒険を語るという贈り物をやりとりしつつ、自由と責任の新たなモラルを実現してみようではないか」[1]――それが例の運動の趣旨だ。したがって、そこには裏切りも二枚舌も存在しない。実際、ミスライも、それが嫉妬という問題を乗り越え、愛の生命を救ってくれるのであれば、「透明性の確保」という道徳も歓迎すべきだろうと言っている。しかし、そう簡単にことは進まないのだ。

　ミスライは、この透明性理論の一翼をになうシモーヌ・ド・ボーヴォワール著『招かれた女』を分析しつつ、物語に出てくる人たちの行動が見当違いであることをあっさりと示している。ピエールの生活に第三者のグザビエールが侵入してくれば、パートナーのフランソワーズをひどく苦しめることになるのは当然なのだ。だって、それはそうだろう！　2人だけの関係では満足できなくなり、もはやパートナーの魅力が、エロス的にも愛情的にも、欲望を満たすのに十分ではなくなったといった真実を相手に伝えるのは、いくらかサディスティックではないだろうか？　少なくとも、軽率な言動なのでは？――ミスライはそう問いかける。このカップルにはまだ、本当の愛があるのだろうか？　前もって透明性の合意がなされ、それが課されているとしても、それは愛を殺しはしないだろうか？

ミスライの本を読み進める者は、宙づりになったような感覚にとらわれる。彼は疑いもなく信じているのだ。愛の喜び、強度があり満足を与える喜び、「もっとも高い次元における実存の正当化」に、排他性は要求されないということを。男も、女も、伴侶と生きる喜びをかみしめながら、同時に第三者との濃密な関係

1　Robert Misrahi, La Joie d'amour.Pour une érotique du bonheur, Editions Autrement, 2014., P87.

に喜びを覚えることができる。しかし、それはユートピアではない。これが「人間的実存の現実」なのだ、と彼は言う。それは、かならずしも容易に生きられるような現実ではない。

ふたつの道があり得る、と彼は言う。哲学者の愛は、カップル双方の自由と自立を尊重し、そのどちらか、あるいはどちらもが、別の愛を生きることができると暗に容認するがゆえ、実現されることはほとんどないものだ。他方、秘密の愛はよく見られるものではあるが、そこに危険や苦悩がないわけではない。とはいえ、この苦悩は、先で述べられていた、愛の終わりをもたらすような苦悩とはまるで違ったものである。

秘密のエチカ（倫理）は、「欲求不満」や「制限」を暗に含んでいる。その欲求不満や制限が恋人たちの意に沿って合意されているとき、愛は深まり、そこから生じる苦悩もまた、「愛の構成要素」となる。秘密のエチカは、自身が抱く複数ある愛のいずれも放棄せず、義務や犠牲といった、また別のエチカの観点から欲望に譲歩したりしないと決意した人にとって、高い要求を突きつけるものとなる。この人は、パートナーの人質となり、義務のために新たな愛を犠牲にすることを拒み、かつ、「古き愛」で結びついた相手を傷つけないように、と目を光らせている。「古き愛の喜びを尊重し、それを生かしたまま維持していても、新たな関係や特殊な愛への参与を排除しないことは可能」[1]ということなのである。

ふたつの愛をともに管理し、喜びと責任を同時に感じつつ、新たな愛には自分の開花を求め、なおかつ「古くから愛する存在の健康と平穏を実存的に保護」[2]するとなれば、実際、なかなかできることではない。しかし可能ではあって、その高みに至った上質な男女も数多くいる。彼らは、自由と寛容をともに使いこなせているのである。

1 Robert Misrahi, La Joie d'amour.Pour une érotique du bonheur, Editions Autrement, 2014., P204.

2 同右 P209.

だが、秘密のエチカの要求が一層高くなるのは、夫婦関係にない第三者の立場の人に対してだ。

この立場の人には、ある一定の進化と高度な内省が求められる。それは独占欲や、相手を閉じ込めておきたいという欲望とはかけ離れたものだ。自分の愛する男性や女性が、人生の伴侶を傷つけないことにこだわっていたら、それを受け入れなければならない。そしてそのためには、愛し合う場所を選ぶ必要が出てくるし、会う頻度も調整しなければならない。

つまり、社会生活を共有しないということを、受け入れなければならないのである。ミスライの本に序文を寄せているミシェル・オンフレが指摘する[1]ように、「アルコールのきつい酒のような作用をもつ自由を、転向しなかった人に押しつけることはできない」。捨てられるという不安にとらわれるかもしれない、あるいは、誰かとパートナー共有するなど考えることもできない配偶者は、そうやって守られなければならない存在となる。

そう、自分の意志で「秘密の愛」を受け入れるには、かなりの愛と寛容が必要なのだ。だがそれでも、十分に愛されているという感覚があれば、恋人同士のあいだに相互の信頼がきちんとあれば、それは不可能なことではない。「秘密の愛は、それが愛の賭け金についての深い理解に動機付けられ、支えられているなら、失敗を運命付けられてはいない」。言いかえるなら、恋人たちが十分に相手に身を捧げ、ふたりが一緒にいるあいだ、互いにあますところなく存在感を示し合えれば、愛はふたりをある高みへと連れ出してくれるのである。彼らは、傷つけたり、捨ててしまわぬように気にかけている第三者の存在が、相手から受け取る悦びからなにも奪いはしないことを知っている。古き愛と新たな愛を比較することなどできないということも、ちゃんとわかっている。ふたつの愛から思い浮かべるものも、心と体をその交際に関与させるやりかたも、それぞれがそれぞれに独

1　Robert Misrahi, La Joie d'amour.Pour une érotique du bonheur, Editions Autrement, 2014., P11

自の単数的な世界を構成しているのだ。

悦びと責任のエチカであり、無用な苦悩を避けることをその賭け金とする秘密のエチカが、「嘘」や「裏切り」とはまったくの別物である、という理由はここにある――そうミスライは断言する。

秘密の愛は、「愛の成功」という、高度な愛の形態にもなり得る。日常や社会生活のなかでは咲き得ないものが、嫉妬からもスキャンダルからも離れた「秘密の園」で開花するのだ。よく知られているように、親密な時間が秘密となることで絆は深まり、苦悩を共有することは、恋人たちの距離を縮める。

しかも、この愛は、長続きすることもあるという。とすると満足度から言えば、忠実な愛にも劣ることはないのだ――「愛が進展していくなかで、苦悩や荒廃を生産しさえしなければ」。

◆フォルコの恋人、68歳女性マリーの話
秘密のエチカを実践するカップル

夫婦関係を壊さず、第三者と秘密の愛を築くための秘密のエチカについてここまで考察(ノート4)したところで、わたしはフォルコの愛人、**マリー**に会わなければいけないと思うようになった。以下は、そのときの話である。

ビストロのテーブルに向かい合って座り、わたしは彼女を見た。チャーミングな人だ。フォルコが彼女を、美しい女性で、年相応に見えず、皺《しわ》すらもお似合いと評したのもうなずける。とくにその穏やかな声とゆったりとした語り口は、心に響くものがある。静謐で、官能的ななにかが、そこから発されていた。

愛を愛するフォルコとの関係について、わたしの知人でもないこの女性から、かなり立ち入ったことを聞き出そうとしているわけだが、さあどう攻めるべきだろうか?

わたしはまず、「あなたのカレ」がふたりの関係について話してくれた、その口ぶりにとても感銘を受けたと伝え、同時に、その内容に戸惑いもあるということを率直に打ち明けてみた。彼女自身は独身でいるなか、「フリーではない」男性との秘密の関係を、どのように受け止めているのだろうか？そう、彼女が欲求不満におちいっていないとすれば、それは一体どうしてなのだろう？

わたしの質問に、マリーはよどみなく答えてくれた。

「愛しているから。それに、これほど充実したエロス的関係は経験したことがなかったんです」

それは簡単なことではない。マリーも、「裏道」の関係が暗礁だらけであることはわかりきっていたし、そのようなことは絶対にしないと決めていたらしい。しかし、フォルコの強く知的なまなざしと官能的な唇に出会ってしまったら、その魅力に磁石のように引きつけられ、自分にはどうすることもできなかったという。そして彼女は決意する――やってしまえばなんとかなるわ！　自分に衝動的なところがあるのも自覚していたが、自分が進みたくない道には連れていかれるがままにされないという自信もあった。こうして、ふたりが進もうとしている道には、いくつもの新たな展望が、これまで経験したことのない感情や感覚が待ち受けていたのだ。マリーはこの道を進んだことを少しも後悔していない。確かに危険ではあったけれど、冒してみる価値のある冒険だったのだ。ブルーになることも、もちろんあった。夏のバカンスや祝祭日は、砂漠を果てしなく歩いているようなものだった。フォルコが恋しくなり辛かった。でも驚いたことにフォルコは、そういった苦痛を、自分には隠さずにいて欲しいと頼んできたという。それで彼女はフォルコに洗いざらい話し、今はもう、そんなふうに怖がることはないのだと理解できているという。なぜなら、自分のなかに罪悪感を閉じ込めず、不安を慰めるための、信じられないほどの慈しみにあふれた手段――愛されている、ちゃんと見てくれているという確信を与えてくれる言葉が、つねにそこにあるのだから。マリーはフォルコを誠実な人だと評している。こうして彼女は、

「本当にわたしを愛しているなら、奥さんと別れてわたしを選んでくれるはず……」といったありがちな――つまり、かなり慣習に依存した思考法から逃れ、そうした闇にとらわれることもなかったのである。そうしたことよりも、彼女はフォルコと探索したこの世界、エロスと官能の比類なき共犯関係のことを考えていたかったのだ。

ふたりが会う機会が少ないというのは確かにそうだが、その代わり、会うときはいつだって特別な日になった。マリーは一番の親友から、あなたはいい思いしかしていないと、よく言われるそうだ。会えなくて寂しい気持ちとは矛盾するようだが、彼女も友人の意見が正しいと思っている。フォルコが社会的に不自由な立場でいるからといって、それがふたりの親密な時間――ともに過ごすときに、彼がマリーのことだけを考えることとか、心も体も全面的にその時間のために使う、といったこと――に影響するわけではないからだ。

わたしは、かなり異例なこのような男性と今のような年齢で出会い、こんなにも新しいことに囲まれて生きるということを、マリーがどう感じているのかを知りたいと思っていた。

マリーは自分のことを、精神面の比重が大きい女だという。セックス経験もかなりあるとは言いつつも、その愛の交わしかたは頭で感じるようなものらしい。以前の彼女は、早々にイってしまうのが好きだったそうだ。男たちが早く気持ちよくさせてくれて、ぎゅっと肌を密着させて抱きしめたまま動かずに、その悦びが強烈なオーガズムへと高まっていくのを待つのがよかった。自分の体のことはよくわかっていたし、早くイクにはどうすればいいのかも熟知していた。しかし、年を重ねた今は、彼女の快楽はより時間をかけて高まっていく。フォルコとともに、自分を捨てて身をゆだねるということがどういうことなのかがわかったのだ。マリーはかつての自分が認識していたものに到達しようなどとは考えてはいない。そうではなく、自分が想像もしていなかったような官能を自分のなかで発見し、フォルコの手や口、その体へと自身をゆだねている。フォルコに知らなかった道へと導かれ、マリーはそこで新たな、きわめて親密な悦びを得る。細に入って話すことを彼女は望まなかったが、これまで開かなかった扉をフォルコにだけは開いているということは、わたしにも感じられた。

「フォルコに対しては壁というものがまったくないんです。こんなに創意があって、こんなにもやさしく体を愛でてくれる人なんてこれまでいなかったわ。自分の肉体を愛してくれているって感じられることが、もう若くないわたしにとって、ものすごく大切なことだった。でも、わたしの官能的な反応とか、柔らかな肌とか、彼に身をあずけるときのわたしといったもの以上に、彼はわたしという人格そのものを愛してくれていると思うのです。それは、わたしも同じ。重厚でエロティックな、官能的な声が好き。わたしに絡みついて、挿入するやりかたも好き。やさしく体を探って、快楽を与えてくれる彼が好き。わたしのなかに彼が、彼のすべてが浸み込んでくる。だから、わたしが深く、そしていつまでも愛おしいと思っているのは、彼の人格なのよ。わたしの心のなかで、彼は特別な場所を占めている。自分が彼のものだって感じるんです」

マリーとフォルコは、午後のすべてを愛を交わすことに費やし、いったん中断してお茶を飲みながら語らい、また一層激しい愛の行為を再開するのだという。欲望が無限に点火する、マリーにしても、そうした経験ははじめてだったそうだ。

「ひとつ発見だったのは、裸のまま彼の肌に触れるのが、信じられないくらい気持ちがいいってこと。1回1回がまるではじめてのときみたいに。以前はこんなこと、わからなかったのに」

永遠と思われるような欲望の状態が、彼が帰宅した後も続くのだ。彼女によると、ほぼ毎日のように連絡を取り合うことで、その状態を維持できているという。

「お互いの欲望を維持して、大切に想っているとわたしに感じさせてくれるための、彼独自のやりかたがあるんです。物理的に彼がそばにいなくても、それがわたしの救いになっている。実際、この恋には欲求不満だってないわけじゃないけれど、それでも気分よくなれるんです。だって、自分が本当にオンナなんだって思えるから。今は、彼に官能のすべてをあずけてしまう方が好きなんですよ」

若い頃よりもはるかに長く、また満足のいくような悦びを今の年齢になって経験している女性は、わたしが出会ったなかでは、マーシャ・マリルに続き、マリーが2人目となる。セックスをすることが、単に性器の交わりにとどまらないと語るのも、彼女が2人目だ。フォルコとマリーは「どんなときも愛を交わして」いて、ふたりの会話や快楽には、終わりもなければ限界もない。

「重大なことが起きてもささやき合えるような、そんな信頼感が好きなんです。そしてそれは、ふたりのあいだにしっかりと根付いているものです」

そうマリーは語った。

1時間以上ふたりきりで話していると、わたしたちのあいだにも女同士の共犯関係のようなものが芽生えていた。そこで、彼女の話す「甘美な瞬間」

について、もっとくわしく聞いても、今なら許されるような気がしたのだ。

「ある晩、わたしは彼を自分の体に引き寄せて、陰部をくっつけたまま動かないでと頼んだの。目を開けてわたしをよく見て欲しいと言いながら、そのまま動きを止めて、悩ましげに口づけを交わしました。そのとき、ふたりの抱擁に、重力みたいなものが働いていたことを、わたしはきっと忘れないと思います。わたしたちの全存在が、そこでしっかりとかみ合っていた。彼の性器が、磁石みたいに引きつけられているのが感じられるのに、相手はまったく動いてない。こんなに強烈なことは、ふつうありません。まるで相手の魂が、わたしの体を包み込んでいるみたいだった。彼は驚いてしまってなかなか正気を取り戻せなかったし、わたしも同じだった。それからお互いに、相手のなかで震えながらも、不動のままでいる自分の存在を理解しました。快楽の波が、わたしのなかで高まっていくのが感じられて、わたしは彼の周りを、植物のツルみたいに巻きついていた――ここでも相変わらず体は動いていないのに。ただただ気が動転してしまっているだけなんです。これまで感じたことのなかったような快楽の爆発に一瞬で持ち上げられて、わたしは泣き出してしまったわ。あまりの感動や喜び、その感謝の気持ちから、思わず泣いてしまったのよ」

マリーにとってフォルコはただ愛人というだけでなく、自分のなかで硬直していたなにかを壊し、光へと連れ出してくれるような愛の謎、愛し合う体が秘めている謎を、ともに探求できるようにしてくれた男なのだという。

マリーの話は続いた。

「セックスが終わった後の時間がすごく好きなんです。まだふたりの体が離れていない時間、ふたりの区別がなくなっているような数秒間。フォルコはそれを『ぼくたちのひとつの体』と呼んでいます。その前には、つまりセックスをしているあいだは、ふたつの体はふたつのままなんです。彼が力で侵入し、わたしはそれを受け入れる谷――そこを彼が掘り進めていって、蹂躙《じゅうりん》していく。わたしはただそれを受け入れる。ふたつの体が、悦びを求めて労働するんです。やがてオーガズムが訪れると、この重苦しい欲望は焼けるように蒸発して、荷を下ろしたような、まったく新しいタイプの軽さを経験します。どこかで読んだけれど、セックスの後にセックスは始まるんですってね。しかも、わたしたち女性は、セックスをした相手の男性が自分を愛しているかどうか、事後の様子でわかる。眠ってしまう人もいるし、すぐに自分の心配ごとに頭を向けてしまう人もいますものね。そのようなことではセックスが台無しになってしまう。きっと、自分が悪いことをしているなんて、わかっていないのでしょう」

マリーと「雄々しい天使」——ふたりの出会いが、肉体を超越する面と、超越的なものが肉体となって現出する面をそなえているがゆえに、フォルコのことを好んでそう呼ぶのだそうだ——は、一本の細い糸を綱渡りするように進んでいるのだ。マリーはその「秘密の愛」を愛し、それを守ると決意した。この愛はふたりの一部となっている。

「わたしたちの絆はとても深く、まるで相手の本質的な部分を知っているみたいなの。自信をもって、ふたりで先に進めると思います」

マリーの話を聞いていると、ふたりがミスライの言う、秘密のエチカを実践していることがよくわかる。要求されることは多いけれど不可能ではないし、そこに到達している上質な男女も数多くいる――例えそこまでたどり着くのに一生かかるとしても。そこでは、ある一定の進化と高度な内省が求められる。それは独占欲とか、相手を閉じ込めておきたいというような欲望とは、かけ離れたものだ。

フォルコとマリーは、スキャンダルからも嫉妬からも逃れた愛を生きることを、ともに受け入れている――ふたりの周囲に苦悩を生み出さないようにして。そして、それが可能なのは、ふたりが愛し合い、ともに過ごす時間はあますところなく相手に身を捧げているからだ。フォルコに伴侶がいることは、ふたりの悦びからなにも奪い取りはしない。フォルコがふたつの愛から連想するものは、それぞれがそれぞれに独自の、単数的な世界を構成しているのだ。

ミスライの進める悦びと責任のエチカに、彼らは見事に適っている。だからこそマリーは、「秘密の園」で咲き誇るこの花を「高い次元の愛の形態」だと感じているのだ。もし、ふたりがある種の欠落を感じていたとしても、合意された苦悩は彼らを遠ざけるようなものではなく、むしろふたりの距離を縮めている。それゆえにマリーは、この秘密の愛が長続きすると自負することができるのだ。

◆ 68歳男性フィリップの話
新たな調和を求めて

ここで、**フィリップ**の話を紹介したい。現在68歳で、編集者としての輝かしい経歴をもち、10歳年下の妻ソフィーとのあいだには、すでに成人した子どもが数人いる。もともとセックスが好きで、長年連れ添った妻に対する欲望も衰えることはなかった。そして今もなお、自分のうちに湧き上がる妻への欲望、それを感じることが好ましいと考えている。つまり、欲望を保ったままの若々しい60代夫婦だったのだ——少なくとも60を過ぎて情熱が減り、倦怠《けんたい》感が目立つようになるのではという不安を感じ始めるまでは。

そうしたとき、開業医をしている妻のソフィーが、「別の段階へ移行したい」「ふたりのあいだに新たな調和を見つけたい」と望むカップルに、はるかインドに由来するタントラ[1]という耳慣れない性の技法を教えるセラピストがいるという話を耳にした。フィリップは、ただの好奇心からそこに行ってみたのだが、ふたりはそこで、自分たちが実践してきたものとはまるで違うエロスのアプローチと出会ったそうだ。行ってがっかりしなかった、どころの話ではない。セックスの仕方も変わり、自分の発見に驚嘆せざるを得ない、とフィリップは語る。

わたしにも好奇心が湧いてきて、彼を質問攻めにした。タントラって一体なに？　どんなふうに教わるの？　あなたはそこで、なにを得たの？

それでわたしは、このアプローチが5千年前のインダス文明にまでさかのぼる、とても古いものであることを知った。当時の男女は、ただ子供を作るためだけにセックスをしていたのではなく、ほとんど神秘的ともいうべき忘我の境地（エクスタシー）に至るために愛を交わしていたのだそうだ。時間をたっぷりとかけて、休憩と再開を繰り返しつつ、呼吸と肌のやりとりを織り交ぜ、背骨に沿ってクンダリニーという性的エネルギーを頭のてっぺんまで上昇させていく。そのようなセックスが行われていたのだ。その終着点は神との結合であり、神秘なる忘我である。彼らの性の実践は、生殖にかかわるものというよりも、むしろ官能と波動にかかわるものだった。

その講習の内容については、参加時に部外秘にすることを求められたから、とフィリップは多くを語らなかった。かろうじて知り得たのは、テクニックの伝授や簡単な訓練は集団で行われ、実践となると、それぞれのカップルが

1　タントラとは神聖なる性の実践であり、その哲学においては、オーガズムそのものよりも、そこへと至るプロセスが重要視されている。したがって愛を交わす行為は、性器の結合のためではなく、男女が融合してひとつになること、それによってあらわれる錬金術から生じる快楽や緩和作用のための手段となる。タントリズムの影響を受けた性交渉は、男女の融合を最大限活用すべく、オーガズムの時間が長くなる傾向がある。

個室で実践するということだけだった。講習の場で性行為に及ぶようなことはなく、講師をつとめる有能かつプロ意識の高いカップルが、そうした倫理規定をきちんと管理しているのだという。

どうも疑念がぬぐえなかったわたしは、そのような講習をグループで行うなんて、ほとんどポルノすれすれか、はっきり言ってスワッピングでもしているみたいじゃない？　と尋ねた。まったくそうではない、とフィリップ。タントラは、神聖かつ霊的な性へのアプローチで、そこで学ぶのは、体内の性的エネルギーの上昇を意識する助けとなる、呼吸法や視覚化といったテクニックなのだそうだ。儀式や訓練に加わりたくなければ、参加しなくてもいい。タントラ教育の基本は、個々人を尊重することだからだそうだ。

それでは彼は、一体なにを発見したのだろうか？　同年代の男たちと同様に、フィリップも自身の性のありかたがどうなってしまうのかを気にかけ、身体的な性の老化を気にしていた。その彼が、つき物が落ちたような様子で講習から戻ってきたのだ。

彼が発見したのは、性というものは、生殖器だけでなくエネルギーの波動でも実践可能であり、勃起などしなくても限りない悦びや、さらにはエネルギーによるオーガズムまで得ることができる、という事実だった。

「ひとりの男として、果てしなく解放された気分だ」とフィリップ。

「年を取ると、そりゃ勃起はしなくなるし、硬さも持続時間も落ちてくる。タントラが、それを改善してくれるわけじゃないが、ぼくは別のものを発見した。人生で大事なのは勃起だけじゃない！ってね。とくによかったのは、自分がソフィーを性的な理由だけで求めているわけじゃないって理解できたことかな。ぼくは、ソフィーとともにいること。その肌に触れ、自分も触れられることを欲望している。欲しいのはその存在、その接触なんだ。もう、セックスの行為そのものに執着することもなくなったよ」

最終的にそれは、この夫婦の絆を強めることになったが、それとは逆に、タントラの講習を受けて、別れることになったカップルもいるという。性をこういった視点からとらえると、相手を本当に愛しているのか、ちゃんと仲良くできているのか、存在そのものを愛せているのか、そういった問題と向き合わなくてはならなくなる。だから別れる人もいれば、カップルになる人もいる。そして新たにカップルとなったこの夫婦は、以前よりもずっと誠実で強固な基盤を築いている。タントラは80歳になっても続けられるものだし、この展望はふたりにとって福音となるだろう。

なにも期待しない、目標を
もたない、自分を捨てて身を
ゆだねる甘美を知ること――
みんな成熟がもたらしてくれた
ものだわ。

シニアになって見つけた、新しい性のありかたは、自身の精神的な成熟も必要となる。それは、心にとめておく価値のあるものかもしれない。

7章 他のさまざまなエロス道

「おれも、やっと連中のエロス崇拝がわかりかけてきたんだ。自分が抱く女と感覚のすみずみまで溶けあって、自分自身でありながらも自分を女だと思うようになる、男の同化作用のことだよ」

——アンドレ・マルロー著『王道』[1]

◆ゆっくりセックスをすること

わたしの調査に協力してくれた人々は、男性も女性もみな、口をそろえて断言する――自分たちの性のありかたは変わったと。より官能的に、よりやさしく、ゆっくりとしたものにである。つまり性は、「別のもの」になった。なにも、今流行りのスローセックスを若者たちがやっていないと言おうとしているわけではなく、彼らと違って、シニアたちがやむにやまれず、それを取り入れることになる、という話をしようとしている。

セックスをしたいという欲望をもち続けながら老いを迎えた男性は、自身の性器とのかかわりを根本から見直さなければならなくなる。ペニスのサイズは実践上なんの重要性も持っていない（！）という、性科学者や女性たちから口を酸っぱくして言われてきたことを、彼はようやく理解するのだ。多くの男性の頭からなかなか消えない、いわゆる絶倫のイメージや、いつもどこでも鋼の男根を手に入れることができるという小さな青い錠剤に頼る誘惑、それらを笑ってみていられるくらいには距離を取ることができるようになる。

つまりシニアたちは、パフォーマンスを重視しないように促されているの

1　訳注：渡辺淳訳、講談社学芸文庫、2000年、88頁。

だ。もう、なにをおいてもオーガズムが得られなければならないと考えることはない。彼らは、勃起や、自身の快楽の絶頂に執着することをやめて、自分の体の赴くままに任せていれば、相手との親密な交わりをよりずっと近く感じられるということに気付いた。実際、前よりもさらに高い意識でセックスができるようになった、という人もいるだろう。

近年、主にアングロサクソン系の書籍で、スローセックスを礼賛する本が大量に出版されている。これらの本には、ほとんど同じことしか書かれていない。つまり、「もっと速く、もっと激しく」から脱却し、別のものへの探求を勧めている。それは、別の時代、別の場所、例えば中国やインドで非常に活用されていた、ゆっくりとした性のありかただ。

東洋に影響された、この新たな性のありかたの力となっているのは一体なんなのだろう?

大切なのは時間をかけること、そして、どこへ向かうかは考えないことだ。重要なのはエロスの旅そのものであって、どこへ到達するかではない。しかもこの旅は、官能を刺激する旅でもある。人の肌にはさまざまなセンサーがそなわっている。体全体の性感帯を、時間をかけてくまなくじっくりと、あらゆる手法を使って愛撫しつつ、覚醒させていけばいいのだ。この旅が完全な意識の下で遂行されるなら、自分の感覚に完全に寄り添っていられるなら、つまりは相手に寄り添っていられるなら、たぐいまれなるエロス的融合の感覚にたどり着けるのである。

◆25歳から68歳まで、タントラを学ぶ女性たちの話

タントラに励む女たち

フィリップとの会話で、彼が受けたというタントラ講習について、まだいぶかしく思っていたわたしは、そこでなにが行われているのか、自分の目で確かめてみることにした。

いくつか本を読むだけでも、それなりの知識は得られただろうけど、百聞

は一見に如かず、自ら体験してみようと思ったのだ。今からお話しするのは、わたしが「タントラの女」と題された講習に[1]申し込み、そこで得た体験のエッセンスである。選択したのは女性限定の講習。はじめから男女混合のグループ講習にひとりで参加するのはためらわれたし、そもそもの目的はタントラの神秘を探ることだったからだ。

会場は、すばらしい魅惑にあふれていた。セヴェンヌの山中、ピク・サン・ルーの麓にある「アモー・ド・レトワール（星の集落）」。のどかで落ち着いた環境のなか、そこではさまざまな自己啓発セミナーが行われている。わたしは早朝の便で南仏に飛び、太陽に励まされながらレンタカーを走らせ、やって来た。木々に囲まれたところに用意されていた、快適な木造小屋に荷物を入れ、まだどんなことが待ち受けているかもわからず、ただ、これから行われるのが親密な領域での冒険であることを知っていたわたしは、不安と期待が入りまじった感情にとらわれていた。

こういう講習を受けにきた、年は25から68歳までと幅広い40人ほどの女性たちは、どんな動機でやって来ているのだろうと考える。やがてすぐに理解できたけれど、本当にいろいろな人がいた。自信がないという女性たちもいたが、こんな蜂の巣に追い込まれるようなところに来るなんて、すごく勇気があると思う。他にも、不感症やらなにやらでセックスに満足できておらず、すぐれた直観をもつ性科学者にここを紹介されたという人たち、すでに「タントリック・ワーク」の経験があり、続けていきたいと望んでいる人たち、恋愛面での失敗を自らの責任ととらえ、向き合おうとしている人たちがいた。さらにもっと年高の人々は、よりスピリチュアルで、瞑想《めいそう》にも似た、性の新たなステージへ向かうことへの欲望を秘めていた。とはいえ、大部分の人々は好奇心にあふれ、性の実験をしてみたいという欲望に衝き動かされて来たようだった。ここにいる女性たちは、性の新たな領域の発見に出発しようと望んでいるのだ。そういうわたしだって、好奇心に押されるようにしてここ

1 講師はマリサ・オルトラン。http://www.horizon-tantra.com を参照。

に来たのではなかっただろうか？　自分の愛情生活や性生活が恵まれていると思っていないなら、わたしは「新たな領域」を探求し、これまで経験したことのなかった感覚を受け入れるべきなのではないのだろうか？　わたしもまたこの年齢になって、自分のうちに眠っているエロスをもっと理解し、これまでにない感動に自身を開いていくべきなのでは？

この講習は明確に、女性にとってストレスでありプレッシャーでもある「性の定規」から、脱却する助けになることを目的としている。性生活を開花させることが、自己実現とひと続きになっているのである。つまり、「最大限の悦びを享受すれば、あなたは幸せになれる！」ということだ。

女性たちは「オーガズムがなかったり、妄想したりするのって普通のことなのかしら？」と悩んでいる。性生活には面倒ごとがつきものだし、「愛を交わす」ことをしない理由は、疲労、子どもたちの世話、妊娠など、いくらでも思いつく。また、それと同時に彼女たちは、なにかが足りないという気持ちも抱いている。欲求不満がたまる一方だ。多くの女性が、目印になるものを求めて右往左往している。自分の感覚に頼るべきなのか、それとも、さまざまな調査や女性誌の記事を信用すべきなのか、まったくわからなくなってしまっているのである。

まず、断捨離《だんしゃり》してしまわなければいけないのは、オーガズムに達しなければならないというルールだ。わたしはこの場所で、普段からオーガズムを感じている女性はたった3分の1しかいないと教わった。では、残りの3分の2の人は、悦びを得ていないということ?

これから4日間の日程で行うタントラの旅では、自分の体をもっと感じられるようにすることが目指されている。パフォーマンスなんてくそくらえ!オーガズムを基準にするのはまっぴら!「女性たちの神殿」と名付けられた大部屋で、ほとんどわたしよりも若い40人の女性たちと、タントリズムのミステリーを探ることになるなんて、本当に妙なこともあったものだ。

シャクティとシヴァ[1]をかたどった図像とビビッドな色の布で装飾された、

1 女性はシャクティ、男性はシバと呼ばれている。

お世辞にも趣味がよいとは言えない女性たちの神殿で、わたしたちは輪になって座り、自己紹介としてファーストネームと、性的指向を順に言っていくことになった。2、3名「バイセクシュアル」であると言っていたが、ほとんどが「異性愛者」だと回答していた。わたしの番が来たときには、ただ「ひとりの男性とセックスするのが好きです」と答えた。

　そこで教わったタントラの道は2種類。ひとつは自己を放棄して局部へと身をゆだねる解放の道、もうひとつはクンダリニー[1]と呼ばれる性的エネルギーを、視覚化や呼吸法の実践によってチャクラの階段をひとつずつ昇るように高めていき、エクスタシーへと到達しようとする道だ。わたしの前には、女性に本来そなわっている性質や、女性の体の秘密といったものへ分け入っていく、華麗なる旅路が待ちかまえていたのだ。

　狂おしげな舞踊のさなか、「わたしの妹たち」が次々と服を脱いでいくのを眺めている。そしてわたしもまた、自身の恥じらいを乗り越えなければならなかった。自分としては、それほど気にしているつもりはなかったが、これほどの女性陣の前で裸になる決断を下すのは、容易なことではなかった。だが最終的には、それが解放感をもたらしてくれると納得することができた。痩せている人もいれば太っている人もいる、陰毛にしたってほとんど生えてない人もいれば毛深い人もいる。居心地悪そうに見える人も、そうでない人も、みなそこで輪になって踊っていた。だから、結局は誰もが笑顔になり、裸の付き合いをしたことでわたしたちの距離は縮まった。わたしは、まるで古代の神秘に触れたような、いにしえの儀式に参加したような気分になっていた。

講習のあるパートは、女性たちの性の開花を阻害しているものがなんなのか、それを探る手段を提供するためにあてられていた。このパートは、わた

1 性的なヨーガにおいてチャクラはエネルギーの中枢とされ、脊柱に沿って7つある。第一のチャクラは尾てい骨のあたりに位置し、以下、第二は性器、第三がみぞおち、第四が心臓、第五が喉元と続く。第六のチャクラは眉間のあたりの第三の目と呼ばれる場所にあり、第七のチャクラは頭頂部にある。

しが長年親しんできた心理学的な手法とほぼ同じだったので、やや退屈してしまったけれど、参加者のやりとりを講師の女性がうまく切り盛りする手腕は、さすがに見事だった。性に対する世代を超えたイメージ、幼少期のトラウマ、レイプや虐待、男性を尊敬できない、恋愛を理想化し過ぎている、そうした重みの一切がここで扱われている。

別のパートでは、自分の体や局部を親密にかつ、やさしく探索することが求められた。自分を知ればその分だけ、相手に身を任せているときの状態もわかるというわけだ。「女性性と性の開花を確立する際には、自身の性器をいかに経験しているかが重要となる。性器が在り、その位置がどこなのかを知っていればよいというものではない。すなわち調査し、発見し、目を向け、賛美し、迎え入れることが肝要なのだ」[1]。いくつか教わった儀式は、かなり性的な部分に触れるものだったが、きわめて慎みのある講義で、個々人の感情がないがしろにされることはなかった。

その他に大きく問題にされたのは、自己放棄や解き放ち、内奥の世界との交感修行、性器をコントロールしようとしないためには、といった内容だった。最後の点がもっとも難しいのは言うまでもないだろう。よくあることだけれど「オーガズムのカーブ」——この表現は、絶頂に達しそうになりながら、その先に行けない女性たちの感覚をあらわしている——の切りかたを知らない女性は、過剰なコントロールをしてしまいがちだからだ。

休憩時間、木々に覆われたテーブルでおしゃべりをしていたら、隣に座る年下の女性が、タントリズムにずいぶん通じているようだった。彼女の言葉から、タントラと呼ばれる性的ヨガの核となる部分がつかめた気がする。

「性的な昂揚を求めていると、とても繊細なエネルギーへと通じることができなくなってしまいます。そういう興奮を期待しないようになって、はじめて得られる快楽があるんですよ」

彼女はこうも言っていた。

1 Alain Héril, oP.cit., P.148.

「男の人はアレをずっと出し入れして、圧をかけないと勃起が維持できないと思い込んでいるでしょう。力を緩めても勃たせ続けられるなんて、思いもよらないのでしょうね。そんなことは信じないの。実際は、アレを欲している女性のなかに入ったら勝手に硬くなります。女性器はだから磁石みたいなものですよね。男の人を自分のなかに引き寄せて、こんなふうにエロティックな磁化作用が起きれば、後は、彼がやさしくゆっくりと挿入するだけで、悦びがはじけるようになりますよ」

4日間に渡り、わたしたちは呼吸をともなう骨盤運動とともに、きわめて悩ましく、官能的にエネルギーを高めていくための瞑想《めいそう》や、かならずマスターしておきたい会陰の収縮法、さらに視覚化の技法などを、交互に行っていった。

なかでは、タントラの教本などでよく見られるような、わたしたちポスト68年世代にはおなじみのポーズで「逆式呼吸」や「波」の訓練もした。それらを実際にやるときは、男女が軽く前傾姿勢のまま半蓮華座《はんれんげざ》のポーズで向かい合い、一方が相手と性器が接触するように自分の両足で締めつける。まずは、そんなふうにして親密さを深めていく。それから口を合わせて、一方がゆっくりと吐いた息をもう一方が吸い込み、お互いに相手の空気で呼吸する。そのまま数分間続けると、息が自然とシンクロし、その息が相手の局部へと降りてゆき、そちらでも入ってくる息に任せる様子がイメージできるようになってくる。きわどいほどにエロティックな体験だ。

こうした体験の後には、話し合う時間がもうけられていて、実際それは必要なものだったと思う。そのおかげでわたしは仲間の女性たちへの多大なる慈しみをもって講習を終えることができたし、もし成熟して開花した性にアクセスしたいと考えている若い女性がいれば、ぜひ、性的なヨガの手ほどきを受けた方がよいとさえ思っている。そうすれば自分のことがもっとよくわかるようになるし、恋人を導くことだってできるようになる。しかもそれは一生ものの財産で、なにか不測の事態で体調が変化しても役に立つからだ。

この場所から数百メートル離れたところでは、同じく40名の男性たちが性の意識向上に努めている。[1] 時折すれ違う彼らの輝かしく開けた表情から、この男性たちもまた、講習に大いに勇気付けられていることがうかがえた。

◆ 性器は愛の交わしかたを知っている──タントラ指導者バリー・ロング

4日間の体験学習から帰宅したわたしは、そこですすめられた、いくつかの本を読むことに没頭していた。

手始めに読んだのは、オーストラリアでタントラを指導し、性を神的なものに至る道のひとつだと説く一派のひとりで知られるバリー・ロングの著作[2]だ。現代人を、愛を即物的なものとしてしか見ない幼稚な連中として扱う、著者のやや気取った言い回しさえ気にしなければ、いくつか強力なヒントとなるアイデアを抜き出すことができるだろう。

性器は愛の交わしかたを知っている。だから、わたしたちはその挙動に任せていればよく、自身が学んだことや慣習によって決められたことを性器に押しつけていても仕方がない、とバリー・ロングは断じている。性器は互いに引きつけられていくのだから、恋人たちがすべきことはひとつしかない。性器が快楽を感じる体の部分に意識を集中させ、そこに住まうこと。これだけでよいのだ。

大切なのは「そこで」「なにが」「起きているか」を、「今」「ここで」「注視する」ことなのだ。過去や別の場所からもってきたイメージや情景、さまざまなタイプの幻想は、からみあうふたつの性器のあいだで繰り広げられる「現在」を感じることを妨げてしまう。女性たちは、かつての恋人から学んだことや、本や映像から得た知識などの一切を用いてはいけない。恋人たちは、あたかもそれがはじめてのように、愛を交わさなければならない。

1 こちらはジャック・ルカが指導に当たっている。http://www.horizon-tantra.com を参照。

2 Barry Long, Faire l'amour de manière divine, Pocket, 2011.

愛はきわめてゆっくりと、非常に穏やかで愛おしげな方法で交わされる。自分の性器と相手の性器にそれぞれが耳を傾けながら。その一体感は、バリー・ロングが批判するような、熱烈に「オーガズムを追い求める」欲に任せたセックスとは、まるで共通するところがない。この本を読みながら、わたしはこれまで出会った、新たな性のありかたを探っているシニアたち全員の顔を思い浮かべていた。

男性が勃たなくなったら、あるいは完全な勃起にまで至らなくなったら、どうなるだろう？　バリー・ロングの教えはこうだ。

「パートナーに膣への挿入を手助けしてもらうことだってできる。やわらかいままのペニスを、膣のなかへ導いておやりなさい。そのまま辛抱強く待つのです。ふたりのあいだに十分な愛があれば、なかに入れるくらいの勃起状態にはなる。あるいは愛の行為の流れができるまで、ぴったりと身を寄せて添い寝するのでもいい。ペニスをぞんざいに、あるいは無理に扱ってはいけない。なかに入ってしまえばペニスは膨らみ、ともすれば完全な勃起まで至ることだろう」[1]

オーガズムも愛の行為の一部ではあるけれど、それはイクときにはイクという程度のものであって、望んだからイクというのでも、誰かがイカせるといった類のものでもない。「それはたどり着くべきゴールではない」[2]。たどり着くべきなのは、密着した性器同士がその意思のままに行動し、得られる、途方もない快楽なのだ。よって、愛を交わすことに、終わりも目的もない。

そうしてわたしはまた、何時間も、何度も、飽きることなく愛を交わし続けることができると言っていた幾人ものカップルを思い出す。それは、「何時間も経っていてもあり得る最後の瞬間、男が自然かつ、意識的に射精をするまで続けられる。あるいは、そこでいったん身を離したとしても、また何時間かすれば再び愛を交わし始めるのだ」[3]。

1 Barry Long, Faire l'amour de manière divine, Pocket, 2011., P.58.
2 同右 P.98.
3 同右 P.96.

バリー・ロングは次のように話を締めくくっている。

「あなたの体は、愛の交わしかたを学ぶべきではない。あなたの体は、その機会が来ればひとりでに愛を交わし始める。しかし、過ぎ去った経験にあなたがこだわるようなことがあれば、その道は閉ざされることになるだろう」[1]

恋人たちのすべきことは、愛の行為のあいだは意識を高く保ちつつ、心理的にも霊的にも今ここにいる相手のことだけを想う、それだけなのだ。

「あなた自身のためにではなく、愛のために愛を交わしなさい」[2]——それが彼の結論である。

恋人たちが「一体となって愛の行為の現在に注視する」[3]ような性のありかたは、神聖なものだとも言える。ヨニとリンガ〔女性器と男性器をあらわすサンスクリット語〕が「霊的な器官」となるのは、こういう性のありかたにおいてなのだ。

◆タントラから派生した提案―メイキング・ラブ・リトリート

また新たな現象が、カリフォルニアで起こりつつあった。タントラやタオイズムなどをよりどころとする「メイキング・ラブ・リトリート」なるセミナーがヨーロッパでも開催されるようになったのだ。主催者たち[4]は、問題を抱えたカップルたちに新たな愛の技法を示し、目的達成やなにかを期待することなどは考えずに「なされるがままに」いようと訴える。これは、自分たちの手ですべてをコントロールし、抑え込もうとする現代世界からは背を

1 同右 P.101.

2 Barry Long, Faire l'amour de manière divine, Pocket, 2011., P.103.

3 同右 P.104.

4 スティーブン・バゼーがローザンヌで、ダイアナ・リチャードソンさらにはアンヌとジャン＝フランソワのデコンブ夫妻がスイスで「メイキング・ラブ・リトリート」の布教活動を行っている。www.livinglove.com 及び www.retraitepourcouples.ch を参照。

向けた態度だ。別れたりせず、ふたりでともに年を重ねていきたいと考えている夫婦たちに、興奮や熱狂から解き放たれた触れ合いを提案する。それは、多くの女性の気持ちを楽にするだろうし、男性にとっても、ある程度はそうだろう。

スティーブン・バゼーの『愛に交わさせるがままに――ゆるやかな性へと続く驚くべき道』[1]はわたしもとても好きな本だけれど、そのなかで彼は、カップルたちはこれまで何人もの人々が通った道から離れ、キスや愛撫をするとしてもオーガズムに達する努力はしない、と肝に銘じて親密な時間を過ごしたらよいのでは、と呼びかけている。未知への扉を開いておけば、サプライズは訪れる。そこに新たな快楽や感覚の発見がある。その経験は驚きに満ちている、と彼は言う。とりたてて求めていなかったオーガズムが訪れたらそれはそれでなおよいだろうし、往々にしてそれは、望んで訪れたオーガズムより強烈なものである。

このように時間をかけるエロティックな時間は、ろうそくやお香、官能的な音楽といったものでムードを盛り上げ、儀式のようになることもある。合間に休憩をはさんでもいい。一緒にお風呂に入ったりシャワーを浴びたり、裸のままふたりで踊ったり、シャンパンを1杯味わいながらマッサージし合ったりしてもいい。「自分たちのひだの奥、窪みやへこみや穴のなか」に潜んでいた感性の宝物が、そこで発見されるはずだ。

では、開花した性へのカギとなるのが、むしろ、あまりセックスをしないことだとしたら？　スティーブン・バゼーは、セックスの後、パートナーが自分の上で横になっているときの感覚をこう語っている。

「彼女の体重をすべて受けとめている、その感じがよかったんだ。ふたりとも裸のまま、心地よく愛にあふれて、することもなにもない、どこへ行くこともない。燃え上がったばかりの喜びの炎の消し炭のなかで、ひたすらともにくつろいでいるだけの、こんな一体感を感じられる時間。ぼくは自分の体

1 Stephen Vasey, Laisser faire l'amour, Éditions Love of the path, 2013.

が限りなく、なんでも受け入れられるような気分になっていた。ぼくたちの呼吸はときには同調し、ときにはシンコペーショ〔曲のリズムに変化をつける方法のひとつ〕を刻み、ときには、ずれていくこともある……それは調和のとれた、測ることができないくらい広大な海を思わせるようなものだったよ」

◆タントラの提案する発想の転換「テイレシアスの旅」

タントラ指導者ジャック・フェルベール

1章で友人の性科学者フランソワ・パルペが指摘していたように、年を重ねつつ性を開花させるには、ある種のエネルギー転換が必要となる。女性はむしろ「陽」、すなわちエロスにおいて主導権を握る立場にならなければいけないし、男性は自身の「陰」の部分、すなわち受動的に「されるがまま」の状態を受け入れなければならない。

わたしたちはすでに、自分のなかに女性的な部分と男性的な部分が存在することを知っている。では、どうすればこのふたつの役割を入れかえ、双方の特性を学ぶことができるのだろう？　スティーブン・バゼーによると「自分が先に動いて提案し、不意をついてパートナーを（ちょっとした）冒険に連れ出すこともあれば、偶然に身を任せることもある」。

タントラに対してのよくある批判に、女性的なものに過剰によい役割を振り過ぎているのではないか、というものがある。確かにそうなのだが、エロスの世界ではいまだに男性的な価値観、パフォーマンス、実効性、主導権といった「陽」の部分が重視される傾向がある。そのような世界でカップルが調和を求めるとしたら、やはりそこには女性的な「陰」の部分――受け身で待ち、受け入れること――をほんの少し注入する必要があるのではないだろうか？

しかし多くの男性はこの変異に抵抗を示す。それだけでなく、年を取って自分の男性的な部分が衰えたと感じると、「別のもの」の探求をするより、セックスそのものをやめた方がいいとさえ思うようになる。そんな、誰もが通る道から外れることを恐れなかった『タントラの愛の実践者』[1]の著者、ジャック・フェルベールには、この「別のもの」を語る資格があるのだ。

愛の実践者として、能力向上に努める男性たちに彼が示す提案は、想像のなかで女性になりきってみる、というものだ。それは「テイレシアスの旅」[2]と呼ばれている。仰向けに横になり、力を抜き、女性の体の内部を旅してみよう、と彼は言う。その際にも、男性を安心させることを彼は忘れない。別に、本当に女性になれとか、同性愛者になれとか、そういうことではない。女性が体のなかで感じていることを、頭のなかで感じてみることが大切なんだ、と。

テイレシアスの旅は、女性器の隠れている部分を詳細に書き出してみるところからはじまる——「こわれやすく柔らかな開口部、その周りには感じやすく薄い陰唇、(…)あたたかく湿った洞窟の奥深く」、といった具合に。それから、自分のなかに挿入されたい、自分のなかを満たしてもらいたいという差し迫った欲望、だけどもゆっくりと乱暴でないやりかたでして欲しいと思う欲望、それらを想像してみようと彼は説く。

「時間をかけてやさしく挿入するという、力強さとやさしさという相反するものを求める、この気持ちを感じとろうではないか。さらに、穴の入り口が開き、そのなかを出入りする性器を迎え入れ、その甘美な動きに身をゆだねるうちに、心もまた開かれていくのが感じられれば、深い振動があなたのなかで高まっていく。あなたの体はふだんと異なる規模へと広がり、広大なものとなる。時間も空間も、もはや存在はしない」

女性の感覚の内部へと入っていこうとするのだから、この訓練が簡単なものでないことはジャックも承知している。でも彼は、自分のなかの女性的な

1 Jacques Ferber, L'Amant tantrique, Le Souffle d'or, 2007.

2 テイレシアスはギリシャ神話に登場する預言者。7年間女性に変身していたが、その後、男性に戻ったと伝えられている。ゼウスがヘラと、男と女の快楽はどちらが上かで口論になった際、テイレシアスは、女性の方が男性の9倍も快楽を得ていると言い切ったという。

部分を認められる男性が、女性の挙動にも耳を傾けることができ、セックスもずっと上達するということを知っているのだ。女性を満足させるのに、なにもファリック（男根崇拝）な英雄になる必要がないこともわかっている。心の底から目の前の相手に集中していれば、例え挿入がかなわないとしても、タオイストの言う「玉門（女性の陰部）」の入口にその状態のままの性器をあてがえば、それだけで十分なのだ。後は女性がなんとかしてくれる。男性が「挿入するもの」の代わりは、声、愛の言葉、まなざし、指、いろいろとある――つまりは男性が今ここにいること、それだけで十分なのだ。

「女性はただ受け入れて、自己を放棄するほど身をゆだねればそれでいい。一切は彼女の内部で解決される。ただひたすらに自己を開放すること……大切なのはそれだけだ。そして、男がそこにきちんと居合わせているなら、この女性は大いなる深みをもつ空間へ、自らのものとしての旅へと出立することになるだろう」[1]

女性の「陰」と男性の「陽」というふたつのエネルギーが、もはやどちらが男性でどちらが女性かわからなくなるほど、お互いのエネルギーを吸い込み、ともにダンスを繰り広げる。こうしてふたりは「快楽の高み」にとどまり、そこに安住して再生することができる。「そして、もしオーガズムが訪れることがあるなら、サーフィンのようにその波に乗っていくだけだ」。

男性があたかも自分のものであるかのように女性のオーガズムを感知する。すると「大きな波があなたを襲い、もっとも原始的なチャクラからもっとも霊的なチャクラへとその段階を上昇しつつ、天空に光り輝くオーガズムへと至るのを感じる」[1]、驚くべき神秘体験がそこにはある。

このように形容されるオーガズムは、表面にあらわれるようなものではなく、もっと内に向かって爆発するようなものだ。それは内部を、体全体に波及していくのである。

1 Jacques Ferber, oP. cit., P. 117.

ノート5

中国由来のタオが説く性の技法

動かないままひとつになる

わたしは前著で、『タオの愛の技法』[1][2]を実践しているという80歳の男性と70歳の女性のセックスを紹介した。その技法は、地上の喜びも天上の喜びもすべて享受する、そして高齢になっても愛を交わし続けることを推奨する、中国由来のスピリチュアルな愛の教えだった。また、その核となるのは、愛を交わすことが生きる糧になるということにある。

まず、中国人にとって長寿が至上の価値であることを理解しておかなければならない。健康さえ維持できていれば、老年期は人生で最も幸福な時期なのだ。そしてこの幸福な長寿は、男女の陰陽の力が通じることなしにはありえない。今でも覚えている、この80歳の男性はもうほとんど勃起することがなくても妻と毎日セックスをしていると言っていた。ふたりは裸で抱擁し合い、お互いの性器に意識を集中させ、この触れ合いから湧き上がる動揺や悦びを、何十分も味わうのである。そこで彼らは完璧に調和し、平穏で幸福な人生を送れていると感じるのに必要な分だけ、相手のエネルギーを受け取っていることを意識する。

ふたりの感じる快楽は激しく爆発するようなものではなく、もっとゆるんだ、甘美なものである。彼はすでに、悦びと射精が別のものであると学んでいた。後者〔西洋では「小さな死」ともいう〕よりも、射精をがまんすることで接近できる宇宙的結合の感覚の方が、はるかに恍惚とした悦びにあふれていると理解しているのだ。実際、彼が感じていたのは、ある種の鎮静であって、自己よりも広大ななにかに延長される

1 La chaleur du coeur empêche nos corps de rouiller, oP. cit.

2 Jolan Chang, Le Tao de l'art d'aimer, Calmann-Lévy, 1994. シリル・ジャバリによれば、「男たちはみな発見したときには手遅れになっている。性の不安を取り除くためにも、思春期の若者のナイトテーブルに潜ませておくべき本」。

ような、官能と逸楽に満ちた一体感だったのである。

タオの愛の技法は、老いを迎えた夫婦に、まさにうってつけの官能実践だ。例えばタオには、性的不能を指す単語が存在しない。古代中国の人々は、それを重要な問題だと考えていなかったのだ。勃起できないからといって、高齢の男性が陰と陽の融合を確立できないということにはならない。快楽を与え、受け取るやりかたは、いくらでもあるのだ。シモーヌ・ド・ボーヴォワールの表現を借りるなら「悲しみの深淵」[1]ともいうべき事態におちいった男たちがみな、この愛の技法を体得していれば、勃たなくてもパートナーに挿入することは可能なのだということがわかっただろう。

彼らはまた、「硬直していない挿入」のテクニックを体得する必要がある。それは「奇跡に近い」ものでもあるが、どのようなものかというと、事前に勃起をしないままペニスとヴァギナを密着させる技法である。[2]

まずは、力を抜くために男女双方で深呼吸の仕方を身につける。次に、自己を開放して感覚を研ぎ澄ませる、そのとき、いかなるものにも達しようと考えないようにすること。19世紀の古い性指南書『素女経』[3]では、一方がゆっくりとしたリズムでときおり腰を動かすと、玉茎（男性器）と玉門（女性器）の結合をよみがえらせ、それにより感覚を増大させることができると書かれている。こうした陰陽の親密な交換が、滋養をもたらす深い絆を生む。このエロスの技法の手引きによれば、こうしたほとんど動かない状態は望める限り長く、少なくとも15分は保つとよいとされている。

1 訳注：« abîmes de tristesse » という表現は、例えばフェミニストの先駆として知られる19世紀の作家、スタール夫人の『コリンヌ』などにも見られる。

2 Jolan Chang, oP. cit., P. 145.

3 Michèle Larue, Osez... le sexe tantrique, oP. cit からの引用に拠る。訳注：『素女経』はもともと作者・年代ともに不詳の中国の性書であり、原書はすでに存在しないが、平安時代の日本の医学書『医心方』などに引用されている部分を、19世紀になって葉徳輝が編集したものが知られている。

このようにして停止した時間を長くとれば、ほとんど動かないまま時間をかけて愛を交わすことができる。また、相手とひとつになりながら、自身の快楽を満足に感じ、見届けることもできる。オーガズムが訪れればなおよいが、それがゴールというわけではない。目標がないということがむしろ、深い解放をもたらしてくれるのだ。

例の夫婦が、ふたりでこの方法を実践したときに感じた快楽は、他のなにものにも代えられないと語ってくれていたことを思い出す。「こういう挿入にもそれなりの魅力があるのよ」と言っていた70歳の女性は、女性の性的満足度は、男性器のサイズとは、ほとんど関係がないものだとも言っていた。それはまさに、『タオの愛の技法』のなかで、黄帝に房中術を仕込んだ素女が言っていたことでもある。[1]

「第一に男性がこの結合に女性への愛と尊敬を添え、御自身の為すことに心血を注ぐのであれば、形や大きさの些細な違いでなんの変化が生じましょう？　乱暴に抜き差しされる堅固たる陰茎よりも、穏健繊細に動く柔弱な陰茎の方が上等なものとなるのです」

タオイストが説いているのが性技の重要性だとしても、そこで重要とされているのはふたりの和合と相互の平穏である。性行為は、ただ単純に機械的になされるものではなく、全面的な経験なのである。調和のとれた性のありかたとかかわるものとして、感覚を鍛えるというものもある。しかしそこには触覚だけではなく、嗅覚や呼吸法、体をいつまでも触れ合わせること、やさしくゆっくりとした愛撫、甘くささやかれる愛の言葉なども含まれている。

中国唐代の医者である孫思邈はこう言っている。男女が高い意識に達しているなら、『精』を乱さぬよう不動のままでいながらにして深い結合が可能となる……四六時中、幾たびもこの種の結合を実行することもできる。さすればこの男女は、長寿を得るであろう[2]」。

1 Jolan Chang, oP. cit., P.146.

2 同右 P.90.

今この部分を書きつつ、わたしの脳裏には、ある60歳の女性から数年前に聞いた話が浮かんでいる。彼女は30年前、自分よりもかなり年上の男性と、彼の演説家としての才能に惚れこんで付き合っていたという。講演があったある日の晩、彼の自宅に招待され、ふたりはセックスをすることになった。

男の方はもう勃起ができるような年齢ではなかったが、まだ若かったこの女性は、それに動じもせず、性器を密着させるようにして彼の上にまたがった。ふたりはそのままの姿勢で語り合い、愛の言葉を交わしながら甘美な親密さに浸っていた。すると驚いたことに、この触れ合いによって自分のなかで悦びの波が湧き上がってくるのをすぐに感じたのだという。

また別の日には、今まで経験したこともないほどに深いオーガズムを得たという。そして性器があきらかに使いものにならないにもかかわらず、男性の方も、エクスタシーの頂点に達しているように感じられたのだそうだ。この奇妙な関係は、6年間続いた。

この話をしてくれた女性は、今70歳。彼女は、性的不能になった男性とのセックスは怖くないという。そっちの方がいいとは言わないが、男の人が壁を作らずに自己を放棄し、過去のセックスのイメージを捨て去ることさえできていれば、ふつうのセックスにも劣ることはない、そのことを彼女は知っているのだ。

それは途方もない冒険でもある、と彼女は言う。それを聞いたわたしは、この女性は真のエロス的自由を見出したのだと理解する。そして思うのだ。相手の男性にとって、彼女自身が贈り物になるだろう、と。

◆若さを強いてもつらい人生しかない——作家ジョーン・プライス

東洋に魅せられたアメリカの人々は、みなこうしたエロスの技法を取り入れている。スローセックスを扱う書籍の大半は米国で書かれているし、それに食いつくのが、若いままでありたいと欲する、欲張りなベビーブーマー世代だ。

著者はみな60代の女性で、誰もが自分たちの性がこれほど開花したことはないと証言する。[1] しかもそれは、アメリカの研究でも実証されている。[2] だから彼女たちは、仲間にそのためのカギを手渡そうとしているのだ。

そのメッセージが、愛や慈しみ抜きで意識的になされるセックスなど60歳を超えてしまったらあり得ない、ということで一致していたとしても、彼女たちはこの世代の呪縛である、若さへの信仰からなかなか抜け出せずにいるようだ。

わたしがたまたま手にとったのは、２００６年に米国で出版され、60歳以降の性をテーマにした本だった。[3] 著者のジョーン・プライスは、自分が出した小さな募集広告を本のなかで引用している。

「女性向け書籍の取材対象：愛と性に満たされた、ご自身の生活を明けすけに語りたいという、60歳以上のセクシーで大胆な女性を探しています。本名・顔写真などは一切使用いたしません」

つまりこの本では、応募がどれだけあったのかはわからないが、女性たちの生々しいエロス体験がいくつか取り上げられている。しかしその一方で、性生活がなくなってせいせいしているような女性のことは明らかに脇に追い

1 性的にアクティブな60歳以上の女性の70%が、40歳のときと少なくとも同等の満足を得られているという。

2 全米高齢者問題協議会が、国内の60歳以上の男女１３００名に対して実施した調査が存在する。

3 Joan Price, Better than I ever expected, Seal press, 2005.

やられている。約80%の人がそうであると、彼女自身も語っているにもかかわらず。

そもそも彼女の本は、こんな問いかけから始まる。

「60歳以降のセックスがこんなにもいいのは、予想をはるかに超えてすばらしいのは、どうしてなのでしょう？」

体の器官が老化して感覚が鈍くなっていても、果たしてこんなふうに言えるのだろうか？　60歳以降の性の開花にかかわるのは、体よりもむしろ頭のなかで考えていることだという点は彼女もきちんと認識している。「性的な反応は、性器というよりも、わたしたちの脳内で起きているのです」[1]。確かに、女性が自分を知り、体や快楽を、自分がなにを望んでいるのかをもっとよく知ることで変わることはたくさんある。女性たちはもっと賢くなれるし、独り身の人であれば、パートナーを選ぶときに、成熟した深い精神をそなえた相手を探し出すことができるようになる。これからは親密さの感覚も得られるし、なにより子どもにかかりきりになる必要はないのだから！

ジョーン・プライスは「生理的欲求」と「欲望」とをはっきり区別している。彼女はこう書いている。

「わたしがセックス面でめざましい開花を遂げたのは、パートナーを愛し、欲望しているからです。わたしは彼の人格をそのまま愛し、ふたりの親密な時間を愛しているのです[2]」

年を重ねると性のありかたは「精神世界」へと及んでいく、と彼女は言う。ここまではわたしも彼女と同意見だ。だが読み進めれば進めるほど、わたしの疑問は深まっていく。60歳以降の性の開花が、ふたりの関係性における親密さの問題であると見きわめているのに、どうして彼女は若さ至上主義の罠にはまってしまっているのだろう？　異性にアピールしなければ、狂おしいと思えるほどにオーガズムを求めなければ性の開花は望めないなんて、どう

1　"Sexual response is in our brains more than our genitals", Better than I ever expected, Seal press, 2005., P.17.

2　同右 P.23.

いうことなのだろう？　ページをめくるたびにわたしはますます失望にとらわれていく。

女性はセクシーでスリムであるべきだ、エアロビや山歩きやダンスをして、締まったお尻と少女のようなスラリとした足を維持しなければいけない。もちろん顔の皺《しわ》なんてあっちゃダメ。骨盤底筋を鍛えるためのケーゲル体操[1]に毎日励まなければいけないし、この体操をしているあいだも、膣のなかには水晶玉を入れておかなくちゃいけない。つまり女性たちは、若作りをしなければいけないのだ。異性に求められるためには、それくらいやらなければならないと言っているかのようだ。セックスで幸せになるには、オーガズムに達することが必須。だけどそれは性欲の減退やら感覚機能の低下やらで難しくなっているから、刺激を求めてアダルトグッズに頼らざるを得ない。この本のある章は、ほとんどまるまる、性愛の道具と女性を悦びへと導くとされるテクニックのカタログみたいな記述で埋められていた。

本の冒頭の部分では、「60歳以降がこんなにもいい」のは相手に身をゆだね、親密な関係を築いているからだという話を彼女は説得的に語ろうとしていたのに、どうしてこんなパフォーマンス重視の性を訴えてしまうことになるのだろう？

◆特異なかたち、オーガズミック・メディテーション──指導者ニコール・デイドーン

少し独特な形態のスローセックスがあると言って、友人のひとりがアメリカからニコール・デイドーンの本[2]を持ってきてくれた。この美しいアメリカ人女性が考案した、オーガズミック・メディテーション（OM）という、あまり耳慣れないがしっかりした構成の、というより時間管理のきびしい訓練

1 会陰を強化する体操のこと。

2 Nicole Daedone, Slow sex, the Art and Craft of the Female Orgasm, Grand Central Life & Style, New York, 2011.

法は、彼女の言葉を借りれば「どんな男性でも15分で、どんな女性をもオーガズムへと導く」[1]ことができるものらしい。女性は仰向けになって下半身になにも身につけずに足を開き、男性は女性のクリトリスをゆっくりやさしく15分間愛撫する。ここで大切なのは「もっと速く、もっと激しく」ではなく、「もっとゆっくり、もっとやさしく」へと切りかえることである。つまりこれは、ふたりで行う自慰ではなく、愛撫する側とされる側が、期待や幻想の一切を捨て去り、ただそこで起きること、双方が感じていることに集中し、他のことは考えないようにするための瞑想《めいそう》（メディテーション）なのだ。そこでは感情を表に出すことも、瞑想《めいそう》の、そしてこの関係を作る一部となる。

しかし米国において「OM」は、すでに性に通じた人たち向けのものだとして認識されている。デイドーンの哲学のなかに「ポルノと対をなすような新鮮さ」が存在しているとしても、この手のエロティックな瞑想《めいそう》を実践する一般のアメリカ人はなかなかに想像しがたい。ましてや、親密さのかけらもない「OM」のグループ講習に赴く一般のフランス人シニアなど、ますます想像しがたい。時間で管理される儀式なんて、それだけで、魅力も趣もなくなってしまって、参加する気になどなれなくなってしまうのである。

1 Nicole Daedone, Slow sex, the Art and Craft of the Female Orgasm, Grand Central Life & Style, New York, 2011., P.1.

エロスの世界では
いまだに男性的な価値観——
パフォーマンス、実効性、主導権
といった「陽」の部分が
重視される傾向がある。

東洋由来のスローセックスは、
シニアの新しい性のありかたに
光をあてるものだ。それは、若
い人々にとっても有益で自らの
心身がよくわかるようになり、
相手を導くことも可能になる。

8章 老年期の愛

「見知らぬ廊下の先にある戸口のすき間に、ぼくの目は吸い寄せられた。覗き魔になったみたいに。高齢の男女が抱き合う姿がぼくの目には映っていた。許されない秘密の関係を目撃してしまったような気分だった。ふたりは目の前にいて、つまりこの男と、この女は、体のあちこちをやさしく愛撫しあっているのだ。ふたりのささやきの内容は聞き取れなかったが、その音が愛しさの表現であることは簡単に理解できた。しかもそこには、いくらか露骨な単語も含まれているみたいだった。ぼくはそれまでにも、高齢者の人々の性については疑問に感じることが多かった。結局それは個人的な疑問だった。欲望は消えてしまうのか?(…)ぼくが、老いた後のことを想いながら自分の愛情生活を生きるようになったのは、この時からだった。

限界なんて忘れ、道徳さえも忘れて、現実を生きなければならない、ぼくはそう思った。

それからというもの、ぼくはずっと押し迫る欲望を感じ続けている。そして、官能性を人生の本質だと考えることもやめてはいない。あの老年期のような親密な意識とともに生きられれば、違った生き方もできるのかもしれないと、ぼくには思われるのだ」

——ダビド・フェンキノス『想い出』

◆心によって導かれる性

老人の性にふさわしい語り口を見つけるのは簡単なことではない。きっと、それが別のものであることを示すのが唯一のやりかたなのだと思う。それは、内面化され、これまでよりもはるかにやさしく、ゆっくりとした、官能的な性である。

この性は衝動などではなく、心によって導かれる。感情に基づいた性のありかたが、ここでは問題となるのだ。おそらく人間の生において、「愛を交わす」という表現がこれほど意義深くなる時期はないだろう。そしてそれは、老いを迎えた、あるいはすでに老いた体同士が、愛との同意のもとで出会うありさまを指示している。

ロジェ・ダドゥーンが著書『熱き老年のために』でこの体の出会いを、「エロス的」と迷いなく形容していたことを思い出す。彼は正しかった。なぜなら、愛を交わすとは、加齢とは無縁のことだからだ。エロティックに自己を放棄した恋人たちは、時間とは無縁のまま、感性的経験を生きている。これほど彼らを勇気付けるものもないだろう。

わたしたちはマーシャ・マリルの証言をすでに聞いたし、女優ジェーン・

フォンダの告白――「74歳となった今もわたしはセックスをするのが好きだし、性生活がこんなにも開花したのははじめてだわ」――も、あれだけ報道されたのだから、ほとんどの人の知るところだろう。

　また、わたしたちは、体器官が老いていくと欲望や快楽を感じる能力にも影響するのだから、高齢者に「夢を売り込む」のはやめて慎みをもって性を語るべきだとする、「専門家たち」の反応も読んできた。

　つまりここには、性についての異なった言説があるわけだ。この行き違いは、「開花を迎え、満ち足りた性生活」という表現に対応する意味が、それぞれ異なることから発生しているのではないか、とわたしは考えている。

　例えば『リベラシオン』に掲載された記事[1]によると、米国カリフォルニアで800人の女性を対象に40年間実施され、『アメリカン・ジャーナル・オブ・メディスン』に発表されたある研究[2]において、「性的満足度」に最高評価をつけた人の割合がもっとも高かったのは、回答者の最高齢層だったという。まだ性交渉があり、「満足している」と回答した60から70歳までの女性がわずか30％だったのに対し、性的にアクティブな80代では、そのほぼ半数が「高度のオーガズム的満足」を得ていると回答したのだ。しかしこの研究は、カナダで行われた別の研究成果[3]とは矛盾している。そちらでは、男性の「性的満足度」は、ほとんど加齢の影響を受けることがなく、女性の場合は、

1 « Plus femme vieillit, plus femme jouit », Frédérique Roussel, Libération, 6 janvier 2012.

2 Bettencourt, R., Barret-Connor, E., and Tromperer, S.E., (2012). "Sexual activity and satisfaction in healthy community-dwelling older women." The American Journal of Medicine 125: 37-43. 訳注：正確には、カリフォルニア州のある地域を対象に１９７０年代前半から毎年実施した加齢についてのアンケート調査があり、上記の研究は、２００２年度の回答者のうち、過去４週間の性行動について回答した40歳以上の女性約８００名の回答を分析したものである。

3 Trudel, G., Goldfarb, M.R., (2006). "The effect of age on sexual repertoire and its concomitant pleasure." Sexologies 15: 266-272.

年を重ねるほどに著しく減少する傾向が見られる、という結果だったからだ。

わたしはこれらの研究をもう少し詳しく見てみることにした。すると、カナダの方は親切にも、この研究はとくに「交尾行動」を重視するという断りがついていたのだ。そうであればもちろん、加齢とともに減少する傾向にあるだろう。高齢でセックスをする人たちは、どちらかというと愛撫や口づけを重視し、ふたりのあいだに愛が通っていることを証明する。欲望は二の次で、挿入の有無にはほとんど頓着しないからだ。

よって、ふたつの研究のあいだにある食い違いは、「満足」という語にあてられた意味の違いによるものだ。アメリカの研究におけるそれは、性交に限らず、愛撫を含めた親密な快楽全体にかかわっている。また、こうした身振りややりとりは、ふたりの関係性や「パートナーとの感情的・肉体的な近さ」に直結するがゆえ、より一層重視されるものでもある。

親密さへの価値を認めないならば、それは高齢者に共有された性愛について、なにも理解していないということに等しい。そもそも、相手にあるがままの自分を見せることができ、相手をそのままに受け入れることができる能力を親密さと呼ぶのでないなら、親密さとは一体なんなのだろう？　相手の弱さを互いに受け入れることでないなら、親密さに意味はあるのだろうか？　この言葉には、信頼や慈しみの意味も込められている。それほどに、今愛を探求しようとしているシニアには多くのことが求められている。「自己愛にかまけた怠惰」から抜け出せなければ、カップルがこの親密さを見出すことはないだろう。それは、「趣味や興味が共通していることではなく、人間的条件に固有の弱みを互いに打ち明けること」[1]から生じるものなのだ。

愛する人が老いていくのが見たくないなんて、そんな愛が本当に親密なものであり得るだろうか？——1章のヤン・ダラグリオは自著でそう投げかける。ともに疲労し、失敗し、「相互に気をもみながら、ゆるやかに衰えていく」[2]ことが含まれない、そんなものが本当の愛の共犯関係と呼べるのだろ

1・2　Yann Dall'Aglio, oP. cit., P. 95.

うか？

実際、抑制やコントロール、パフォーマンスといった言葉を栄養分として育ったベビーブーマー世代は、老いを迎え死期が近づくとともに、自己愛革命を起こす以外の選択肢を失っていく。彼ら自身、窮屈に感じているのだ。「わたしはなにも『セックス爆弾』を腕に抱えて、愛おしげに愛撫しているわけじゃないんだ。この腕のなかにいるのは、老いてもろくなったひとつの体だ。だがその内では感情が震え、やさしくもある。そんなふうにわたしの心を揺さぶる体なんだよ」

4年前に妻を亡くし、最近、同い年の女性と出会ったばかりという72歳の男性も、そんなことを言っていた。

◆ 80代カップル、ピエールとマリーサの話

ふたりはきっとまだ愛を交わしている

わたしはロベール・ミスライ著『愛の喜び』を、コンパニー・バンデエンヌの運航するユー島〔フランス西部ロワール川の河口からやや南に下ったところに位置する小島〕連絡船の復路で読み終えた。フェリーのなかはバカンス帰りの家族連れでいっぱいだった。子どもたちを連れた親たちは、日焼けして精力に満ちあふれた40代から50代の成功者たち。複数のことを並行して進めるマルチタスクを常としてあくせく働く彼らは、大声でなにかをまくしたてながら座席を占領していた。慎ましくエレガントな老夫婦が自分の場所を確保しようとしていても、おかまいしなしに、しゃべり続けている。

わたしはこの老夫婦を観察しつつ、無関心な若者たちの騒乱にあって彼らの見せる穏和な表情の鮮やかなコントラストに心奪われていた。ふたりはどちらも美しく、その美しさは内面から発せられているものだった。目を閉じて、相手を思いやるようにそっと互いにもたれかかるふたりは、他人が入り込むことのできない幸福をかみしめているようでもある。男性の方は、謎めいた柔和な笑みを浮かべつつ、ゆっくり官能的に女性の手を撫でている。喧騒から離れて、ふたりだけの世界にいるこのカップルを眺めていると、不意に静寂や喜びの感覚にとらわれ、驚いてしまった。見ているだけで元気が湧いてくるのだ。しかもここで静粛に生きているふたりに気付いているのは、わたしだけだったのだ。

そして思った——ふたりはきっとまだ愛を交わしている、きっとそうよ！だって体が親密でなければ、あんなに穏やかで幸せそうな共犯関係は生まれないもの。もちろん、証拠はなにもない。でも老夫婦の醸し出す雰囲気から、ふたりの肉体が永遠と思えるほどにつながっているのが、わたしにはわかってしまったのだ。

老いというゆるやかな齢の進行は、愛の喜びの障害になるだろうか？——ミスライは正しくもそう問うている。そんなことはない。今触れたような、穏やかな心の通じ合いがあるなら。共犯関係や、慈しみや、相手への気遣いや、互いに対する愛情があるのなら、官能と精神の調和は、完全なものになり得るだろうか？

わたしたちは80代でも愛を交わしたい

ふたりが昼食を取っているあいだも、わたしは彼らを観察していた。男性の方は身ぎれいでとてもエレガントだけれど、かなりの年齢で弱っているようでもあった。それに比べて女性の方はずいぶん元気そうだったが、それでも男性とほぼ同年代だろう。それにしても美しい。整った顔立ち。青い瞳に、華奢な体つき。ふたりは並んで座っていた。彼は彼女を愛おしげに見つめ、彼女は頻繁に自分と彼の手を重ねている。

80代の男女がこのような愛のやりとりをしているのを公の場で目にする機会はめったになかったので、わたしは思わず声をかけてしまった。自己紹介をしてから、実はこんな本を書こうとしているのですが、おふたりに少しお話をうかがってもよろしいですか、と切り出してみる。もちろんこのときはまだ、ふたりがどのような生活をしているのか知らない。だがこのように愛を見せつけられてしまったら、話を聞きたくもなるだろう。女性の方は最初から乗り気のようだった。

「わたしたち、2年前に40年振りに再会したのよ。**ピエール**は奥様を亡くされたばかりで相手もいなかったの。わたしたちは今、愛に生きています」

すぐにでも詳しく聞きたかったし、彼女、**マリーサ**もその気でいるようだったが、ブルゴーニュのお宅にお邪魔してもかまわないかと提案した。

そして数週間後。彼らの家でランチをともにすることになった。後でわかったことだが、正確にはまだ一緒に暮しておらず、ここはピエールの家だということだった。女性の方はイタリア人で、普段はローマで暮らしているが、この家の隣町（ジョワニー）に小さな部屋を借り、ときどきそこから通っているらしい。彼の方がローマの彼女の家へ行くこともあるそうだ。わたしが到着すると、彼は気管支炎をこじらせてしまったそうで、上品なナイトガウン姿で出迎えてくれた。彼の服の趣味のよさはわかっていたけれど、こういうところにも、自分の見栄えに対する配慮や他者への気遣いがあらわれていた。それからわたしの手に、感動してしまうほどの繊細な口づけをした彼は、申しわけないが一緒に昼食を取ることはできないと詫びた。そして彼女、マリーサに案内された店でランチを食べてから、自宅でピエールも交えてコーヒータイムを取ろうということになった。

きっとピエールは、彼女から先に話しておいた方がいいと考えたのだろう。わたしの出しゃばった行動を、迷惑に感じてはいなかっただろうか？　80歳になって自分たちの話を本に書くつもりだと言っている作家とセックスについて語るのがふつうではないことくらい、わたしにも簡単に想像できる。だが、これも後でわかったことだけれど、ピエールはこの取材のために、あらかじめ送っておいた、老いについてのわたしの本[1]を熟読してくれていたそうだ。とくに「老いてなお悦びを得ること」と題された章の性に関係する部分には、書き込みもしてくれていた。わたしは胸を撫で下ろした――これならすんなり本題に入れそうだ。

1　La chaleur du coeur empêche nos corps de rouiller, oP. cit.

マリーサとわたしはレストランにやってきた。彼女は、感激してしまうほど信頼してくれて、自分たちのことをいろいろと話してくれた。出会いは40年前のイタリアにさかのぼる。当時、彼は結婚していたし、そこで物語が進展することはなかったという。マリーサはといえば、これまで結婚をしたことがないのだそうだ。富にも美貌にも恵まれた彼女は、自由で教養ある女性としての人生を歩み、心理学と精神世界に傾倒してきたらしい。恋多き人生だった。きっと彼女は、非の打ち所のない魅力をそなえながらも、男性中心の世界で、自由に高い代償を支払ってきたモダンなイタリア人女性のひとりだったのだろう、とその姿を眺めながら考えていた。自由の代償となったのは、孤独である。彼女がそれを理解したのは少し遅かったけれど、それでも誰かに孤独を訴えることはできた。だからこそ、ピエールが寡夫となったことを知った友人が、ふたりの再会を取りもってくれたのだ。

「わたしは伴侶が欲しかったのよ」彼女は言う。

彼の方は、自分の癌《がん》は治ったが同じ病気で妻を亡くすという一連の試練からようやく抜け出したところだった。多くの男性と同じように、ひとりで生きていくのは耐えがたいことだった。だから、必死で彼女を口説いたという。

「感動的な手紙を書いてくれてね。彼ったら、妻のいなくなった場所を埋めてくれるか、なんて聞いてきたのよ」

マリーサには、亡き妻の代わりにも、彼の看護師になるつもりもなかった。ふたりは相談し、それぞれの自由を少し保てるような形態を取ることにした。

「わたしが彼を愛しているよりも、彼はわたしを愛しているでしょうね」

と彼女は言う。

「彼のキスの仕方がとってもステキだったから、それで参っちゃったのね。わたしたちは愛し合っているし、80代でも愛を交わしたいと思っています」

そして、重ねるように言い直す。

「わたしは彼とセックスをしたいと思っているけど、なかなかそうもいかないわね。彼はもうしなくなってだいぶ経つらしいんです。だから今度、性科学者の先生のところへふたりで行こうかと思って」

わたしはようやく理解した。彼女はまだ若々しい性欲にあふれていて、ピエールともフルコースの性関係が築けると夢見ているのだ。しかし彼の方は、多くの男性と同様に勃起しなくなって久しいし、実のところ、性欲だって、もうない。でも彼には愛がある。相手を満足させたいと思っている。そのためなら、なんだってできるのだ。そのひとつが、45歳という若さの性科学者に、自分たちの問題を赤裸々に話すことだったりするのだろう。ふたりともなんとも殊勝な人たちだな、と思ったことをここで告白しておこう。

1時間してコーヒーを飲みに戻ってきたわたしに、少し体調を持ち直したピエールがその若き性のスペシャリストに教わったことを披露してくれた。いわく、80代の性のありかたは40代のそれとはまったく違う。パフォーマンスを目的とせず、体の触れ合いや慈しみの表現を探求していかなければならない、ということだ。

「わたしたちには愛を交わす時間がないんだよ」と彼は言う。

わたしは思わず吹き出しそうになってしまった。時間がない？　マリーサは、ベッドがないって言い訳していたのだ。ふたりで寝るベッドがないって。彼らはふだん、ツインベッドで眠っていて、相手に絡み合ったり撫で合ったりする機会がなかったらしい。夕飯を食べたら、夜はもう、ふたりとも眠ってしまう。何度かセラピストに相談してようやく、早急にベッドを購入する必要性に気付いたそうだ。待望のベッドは間もなく届く。これからはそこで昼寝をしたり、「慈しみを交わ」したりするのも可能になるだろう。

それからわたしはふたりの親密な時間の話に、ただただ驚きと感動をもって耳を傾けているだけだった。すると、不意にピエールが声を高めた。

「貴女《あなた》のお書きになったこの本ですが、男の勃起がなくても、性器を密着させていれば女性が満足できるとおっしゃられている。しかしマリーサはやはりそれを期待しているし、それがなければ不満でしょう。わたしは自分がバイアグラを飲むべきかがわからないんです！」

飲んでダメなことはないでしょう？――わたしは、かつてフランソワ・パルペが96歳の男性に、オトコであることを感じる必要があるからと言って、バイアグラを処方したという話を思い出しながら、そう答えた。

男性機能にまつわるイメージは男女ともにかなり根深いものがある、とあらためて思い知らされたわけだ。高齢期において肉体の親密さを開花させようとするものにとって、それは脅威となる。愛を交わす方法は他にもあるのに、一体どれほどの男たちがそれを探求することもなく性生活からの引退を選んでいくことか！　そして女たちは、一体どれほどの人が若い頃の経験に凝り固まり、挿入されることが一種の悦びに達する唯一の方法だなんて信じているのだろう。ピエールとマリーサは、今その岐路に立っている。ふたりがその愛を心身ともに生きたいと願うなら、これまで参照してきたことは捨て去らなければならない。そして新たなものに目を開くのだ――間もなく届く、広いベッドで思い切り触れ合いながら、後は流れに身を任せればいいのだ。すでに知っているものを再生産する、これが意味する危険に気付かないほど、ふたりとも愚かではないはずだ。その先には、間違いなく挫折が待ち受けているのだから。

◆80代夫婦アンドレとジャンヌの話
慈しみを交わす

この章のタイトルに飾ったステキな表現は、かつてわたしがある老夫婦から聞いたものだ。まだ愛を交わしているふたりが、それを別の言い方であらわしたものである。

アンドレ（89歳）とジャンヌ（85歳）は65年も連れ添った夫婦だ。両者ともかなり健康で、介護の必要もない。そしてそのような彼らの心が通じ合っていることは、疑う余地がない。会った当初からそう感じられたし、落ち着いたたたずまいやふたりでいるときの輝かしい顔からも、彼らを支える「にじみ出るようなあたたかさ」が不可視の光のように感知できた。なにより、わたしが彼らを身近に感じられることがその証しである。つまりふたりには、幸福なものをあらわすなにかが息づいていたのだ。彼らの人生について語り合ったところ、ふたりは「生涯、添い遂げると決めて結婚した」のだと言う。

夫婦がこれほどにも長続きしているのは、つねに相手に誠実であり、それゆえに絶対的な信頼関係を築けていたからだ。

アンドレはこう打ち明けてくれた。

「わたしはいつもこう考えていた。誘惑があっても――実際それはあったことだが――一度として屈してはならないと。一度妻をだました夫は、もう決して閉まることのない扉を開けてしまったようなものだよ！」

そこへジャンヌが付け加える。

「ずっと彼を信用してきたのよ。わたしになにか試練が訪れても、彼に頼ることができるってわかっていたから」

この年齢になって彼らからにじみ出る、あたたかな心のつながりの基盤には肉体的なつながりがあり、そこには、つねに引かれ合うものがあったのだろう。

今あらためて見ても、ふたりはともに美しいと思う。彼は優雅さが板についているし、男らしい落ち着きもある。それにきれいな目をしていて、その目には思わずくらっときてしまうような揺るぎない自信がみなぎっている。ジャンヌは女らしい、かわいらしい顔をしていながら、慎ましげな官能とある種の力強さを漂わせている。わたしは彼らに、以前からふたりも回答したがってくれていた、かなり親密な領域にかかわる質問を投げかけてみた——この65年間で、ふたりの性のありかたはどのように進化していったの？ジャンヌは迷いなく、時間が経つほどよくなる一方だったと言い切った。もちろんふたりきりの3年間の新婚生活の後は、妊娠や子どもの世話などがあり、自由が利かない時期もあった。彼にしても、仕事や悩みに神経をすり減らす日々を乗り越えてきた。それでもそうした年月のあいだも、愛を交わす快楽はしぶとく残っていたのだ。

「こんなに長いあいだしてきたのね」

わたしは、ふたりはきっと、もうしていないだろうと察したが、いつやめたかは聞かなかった。彼らが官能と慈しみでひとつになる別のやりかたを、もう見つけているとわかったからだ。それを語りたいと言ったのはジャンヌの方だった。これまでふたりは、寝室を別にしたことがないという。いつもひとつのベッドで眠り、就寝前には体を密着させて手をつなぐらしい。こうして、肌と体を触れ合わせることは、彼女にとっては生死にかかわる問題だそうだ。

さらに彼女は、ダンスについて話してくれた。彼らはずっとダンスが好きで、主に社交ダンスをしていたけれど、最近はカントリーダンスも始めたという。ダンスの話になると、アンドレも乗り気になってくれた。彼がジャンヌとシニアの仲間たちとスキーに行ったとき、滞在したホテルでダンスパーティがあり行ってみたら、周りは若い実業家ばかりだったという話を聞かせてくれた。若者たちに囲まれつつ、ふたりがワルツやタンゴ、パソ・ドブレを踊り出すと、彼らはふたりを祝福しにやって来てくれたそうだ——ふたりを見る快感、老いた体がリズムや調和によって輝き出すのを見る、そうした世にもまれな快楽を賞賛しに。ふたりの踊りは円滑で、彼らが快楽を感じていたのは周りの目にも明らかだった。これには若者たちも陶然としてしまっただろう！　目の前で、晩年に至ってもまだ踊れる、愛を交わすこともできるという証拠を、ふたりに示されてしまったのだから。

アンドレとジャンヌは、庭の手入れをするように注意深く、意識してふたりの調和の快楽を育てている。この夫婦の中心にあるのはつねに快楽なのだ。ふたりが一緒に同じ悩みを共有しているときでもそれは変わらない。いつも相手に注意を向け、会話もたくさん交わすけれど、「罵倒」し合ったりすることはない。彼らは、今も一緒にいられる幸運をかみしめ、この恩寵を授けてくれたことを、ふたりの信じる神様に日々感謝を捧げているのだ。

「そう、わたしらは運がいい。同年代の友人のなかには『耐えてはいるが愛はない』と言うやつもいるからね。彼らは互いの空虚を埋めているだけだから、幸せは感じられないんだよ」

この幸運はふたりの財産だが、それを彼らは壊れやすい不安定なものだと考えている。「誘惑」が夫婦の仲を揺るがすことは恐れていない。だが、彼らには「死」という現実が待ち構えていて、いつかふたりが離ればなれになる日が来ることをよく知っているからだ。

夫婦でいることは、孤独に対しての安全を与えてくれるものではないのだ。それは孤独から守ってくれる城塞ではないし、そんな保証もどこにもない。夫婦とは、保護するものではない。むしろリスクなのだ。

彼らはこの年齢まで、まだふたりでともにいられるという幸運に恵まれている。わたしは、このような平穏で慈しみにあふれた心のつながりを求めつつも、死別や離婚で独り身となり、自分の未来から「愛」という項目を削除してしまった男女たちについて考えずにはいられない。押し黙った悲観に浸り、孤独が彼らに根を下ろしている。愛情や性を生きることに別れを告げ、その生活に順応しているようには見えても、一種の悲しいあきらめの代償として、こうした人たちの多くが猛スピードで老けていく。あるいはまた、セックスをしなくなって久しいけれど、惰性とか、孤独になるのが不安だからという理由を付けて、いまだ別れずにいる夫婦のことも考えてみる。わたしがディナーに行くパリのレストランでは、そうした人々と時折目が合う。

彼らは食事中、ただ食べることに専念して、言葉を交わすことはほとんどない。ワインや料理の感想を口にすることはあっても、それ以上に語らい合うこともなく退屈そうだ。帰宅しても、愛を交わすことはないだろう。ネットや読書、テレビといった孤独な暇つぶしが待っているだけだろう。エロスはもうずいぶん昔、どこかへ旅立ってしまったのだ。

◆ 男性医師オリビエ・スリエの話
欲望が生涯続くことも可能である

老年期の愛に興味があるとわたしが言うと、オリビエ・スリエ医師が話のタネをいくつか提供してくれた。

ひとつめは、90歳の未亡人である患者の話。彼によればとてもチャーミングで、女性であることに喜びと自信をもち続けている人だという。どうしていまだにそうでいられるのだろう? それはきっと、その女性はこれまでずっと欲望を捨てたことがなく、今なお保ち続けているからだ。

「わたしの長生きの秘訣は快楽よ」と、かつてその人は語っていたという。この女性ガブリエルは、ラングドックの葡萄畑で、生涯たったひとりの男性と人生をともにしてきた。20歳で夫と出会い、それ以外の男性経験はまったくない。ふたりの夫婦生活は欲望を中心に回っていて、80歳を過ぎてもふたりは週に2、3度は愛を交わしていた、と彼女は語っていたそうだ。夫のロベールが書斎で仕事をしていても、自分がしたいと思えば迷わず熱烈な愛をアピールし、彼が愛の行為をしてくれるまで彼女はそれを続けたという。

ところがある日、夫が事故で亡くなってしまう。ガブリエルは「身体化」[1]の複合症状、膀胱炎と膣のかゆみを発症していた。このとき診察したのがオリビエで、ガブリエルとは長い付き合いがあったので、単刀直入にこう尋ねたという。

「ロベールが恋しいのでしょう？　まだ彼とセックスをしたいんじゃないですか？」

ガブリエルはその場にくずれるように座り込んでしまった。

「85歳の女がまだセックスをしたいだなんて、一体誰が理解してくれるんですか、先生?」

オリビエが、自分で慰めたりすることはないのかと聞くと、ガブリエルはまた泣き出してしまったという。夫が十分にかまってくれていたから、そのような経験はなかったのだ。

数か月後、ガブリエルはふたたび診察にやってきた。膣のかゆみはすっかりおさまっていた。どうやら医師の示したヒントをよくよくかみしめた結果らしかった。彼女が自分を愛撫すると、驚いたことに、ロベールがそこにいると感じられたのだそうだ。それはまるで、彼自身に愛撫されているかのようだった。だがそんなに驚くようなことじゃない、とオリビエは言う。皮膚

1 訳注:精神分析用語で、過度な精神的ストレスなどが身体的症状として表面化することを指す。

や体にも記憶があるのだ、と。一生分のエロスがその体に刻まれているなら、それをまた見出すことだってできる。つまりガブリエルには、ロベールとの絆やふたりの愛の歴史をどう保存していけばよいかが、すでにわかっていたのだ。そしてなにより、ふたたび見出された欲望の炎は、この年齢でなお健康を維持している彼女の糧となっているのである。

診察室でいろいろな患者を診てきたオリビエは、夫婦の愛情やエロスが生涯続くものであり得ることを確信しているという――「ふたりの絆が、どんなに小さくなっても欲望の炎を絶やさずにいられるようなものならば、ね」

彼はまた、自分がまだ駆け出しだった頃に下宿していた家の老夫婦の思い出も語ってくれた。この夫婦は彼に、同じく医者であった自分たちの息子の代わりであるかのようによくしてくれたのだという。ある朝、彼が寝ぼけ眼でコーヒーを入れようとキッチンに行くと、夫婦の亭主が奥さんをオーブンのある角に追いつめ、自分の体を甘く押しつけているのを目撃してしまったらしい。ふたりは笑ってこう言い訳した――主人のいびきで眠れないから、寝室が別なのと。25歳のときはみなそう思っているだろうけれど、オリビエも、老夫婦はもうセックスはしないものだと思っていた。でも、そうではないということを、彼はその目で確認してしまったのだ。ふたりはごく自然に、自分たちはいつも夜か朝に「イチャイチャするために」再会するのだと語った。夫婦のあいだには、ユーモラスな合言葉があった。夫が部屋に来て「マダム、自然の力が語りかけてきます」と声をかけると、妻は笑って「神のご意志がなされんことを！」と答えるらしい。それから数年後、オリビエはこの夫婦が亡くなったことを知らされた。片方が死に、3か月後にもうひとりも亡くなったのだという。こんなふうに欲望にあふれ、一体感の強いカップルがほとんど同時に亡くなることはよくあるそうだ。生き残った方は、先に旅立った方に遅れまいと後を追うのだろう。

こうした老年期の愛は、上質な絆によってのみ支えられている——オリビエはそう結論付ける。持続はしないし頻度も下がるとはいえ、女性に挿入できるほどの勃起能力を維持している80代男性もいるにはいる。それはおそらく、彼らが愛され、欲望されていると感じることができているからだ。男性の欲望だけでなく、女性の態度も重要なのだ。「女性はときに、男性を壊すことも蘇らせることもできる」と彼は言う。その例としてあげられたのが、60歳の実業家男性だ。彼には「気難しい」妻がいて、セックスが下手だといつも彼を侮辱するような女性だった。結局女性とは別れることになったのだが、70歳になって彼はまた65歳の女性と付き合いはじめた。セックスを10年しなかったあいだに、彼の「勃起力」は完全に失われていたという。しかし新たに伴侶となったこの女性は、そんなことを気にしなかった。彼らはふたりだけのエロスの遊戯を考案し、別のやりかたで快楽を与え合うようになったのである。それから2年が経ち、彼は再び勃起するようになったという。

この男性の例は、「硬くならなくなった」男でも、やさしく好ましい相手がいれば、男性能力を見事に回復することができることを示している、とオリビエは言う。

「必要なのは時間と愛だけなんだよ」

◆作家ノエル・シャトレの話
死をも越えるエロスの絆

エロスの絆の力はそれほどに強く、パートナーを失った人たちのなかには、彼らと語ろうとしてこの絆の延長を死の向こう側から呼び出してしまう人もいる。これはタブーのテーマであり、語られることのない事態である。

これについてわたしは、『ジョルジュ夫人』[1]という小説で果敢にもこの死者の現前という問題に取り組んだ、ノエル・シャトレと話したことがある。

小説で語られるのは、マンスール夫人という75歳の寡婦の秘密である。「ブロンドというよりは白に近い長いおさげの髪が力なく胸元まで伸び、悲しさのあまり小さくなったこの女性が、かかりつけの精神科医に亡き夫がまだここにいると打ち明けたのである。とつぜん男を失った……ひとりの女の

1 Noëlle Châtelet, Madame George, Le Seuil, 2013, P. 68.

悲哀を。彼を失った女の悲しみを」

「先日もお話ししましたけれどね、先生。夜になると夫がわたしのところにやって来るようになったのです。今でもわたしは夫のためにベッドの右側を空けておくよう気を付けています。そちら側で寝ようだなんて思ったこともないですし、自分の側からはみ出したこともありません。わたしには本当にわずかな空間だけで十分……彼と再会している間は、とてもあたたかく元気な気持ちになります……毎晩来てくれるわけじゃありません。でも彼が来るとわたしの目も覚める。彼が来たってことがわかるんです……なんと言いますか……たいていは温度の変化を感じて、来訪を告げられるというようなことでしょうか。頭の上の方がとつぜん熱くなったり、冷たくなったりします。空気も震えて、それがあんまりはっきりと感じられるものですから、ときどき髪を撫でられているような心地になることもあります……彼はわたしの髪が好きだったから……髪を切るのを嫌がったものですから、ほらこんな髪に……それにマットレスにも窪みが、でもほんのちょっとだけ、ほとんどわからないくらいだから……だからわたし確信がもてなくて……なのにベッドには確かに重みが存在する……でも前とは違う……彼が死ぬ前とは」

医師は彼女に、重さのない重みだと言いたいのかと尋ねる。

「そう、まさにそうですわ、先生。彼のいる方に顔を向けると、暗闇のなかに、なにか形があるようにも感じます。なかなか説明できないのですが……」

医師はまた言葉を継ぐ。

「かたちのない、かたちのことをおっしゃりたいのでしょう。目に見えないけれど、確かに輪郭があるもの——それをあなたはただ見ているのではなく、思考と化したまなざしで見ている。抽象的な……まなざしという観念で。違いますか、マダム・マンスール？」[1]

この70代の女性は、夫が寝床にあらわれるという事態を恐れてはいない。

1 Noëlle Châtelet, Madame George, Le Seuil, 2013, P.70.

「こんなふうに再会できるなんてなんて幸せなのかしら！　これはもう、わたしが彼を想うように、彼もわたしを想ってくれている証拠なんだわ！　死者と生者を決定的に分かつ断絶なんて、本当は存在しない……通路はいくつもある――わたしはそう信じています」[1]

個人的に話したところによれば、ノエル・シャトレが小説のなかで描いていることは、彼女が実際に体験したことである。そして同じような経験をしている人は他にもたくさんいる。愛していた人の体が、物理的にここにあるように感じられるのだ。つい最近の講演[2]でも、この「非物質的な体」が、感覚神経の想像力によってもたらされるものなのか、あるいはなんらかの実在性を帯びているものなのか、科学はいつかそれを証明できるのだろうかと、ノエルが問いかけていたのをわたしは聴いている。

◆

80から90代、独り身の男女の話

やめるのが賢明と考える老人たち

何年か前に近所の映画館でも公開されていた、リュドビク・ビロのドキュメンタリー映画『年齢の意味』には、80代の数人の男女が登場する。登場人物たちは自身の欲望や愛情生活がどう変化したかについて、作品のなかで、かなり率直に語っている。

例えば、ある80歳の男性は、冬のベンチに腰かけてこんなふうに語る。

「20年前や40年前と変わらずに恋愛できると思っている。自分ではできると思っているんだ。でもそのための機会がないし、時間もない。なにより相手がいない。恋愛の衝動を最後に感じたのはそんなに昔じゃない、4年前のことだ。いつもそうだが、かなり惚れこんでしまってな。衝動はあっても、それがかたちになることはなかったよ。今の生活は静かなもんだよ。欲望はないが不満もない。欲望にとらわれるようなことも期待しているが、そんなこ

1　Noëlle Châtelet, Madame George, Le Seuil, 2013, P.68-70.

2　2014年11月15日開催のコロック・オディエンス（テーマは「喪の方法」）における、ノエル・シャトレの発表「我らが愛しき死者たち」。

とがあるんだろうかね！　基本的には恋愛はどんな年齢でも可能だと思っているよ。いずれにしても、愛という希望はいくつになってもしぶとく残っているんだな」

映画でわたしたちが次に出会うのは、80歳のマドレーヌ。パリの中国人街でひとり暮らしをしている彼女は、いつも若い友人に囲まれている。彼らはスクーターで買い物に連れていってくれるし、一緒にお茶を飲んだり、卓球やマニキュアの塗りかたを教えてくれたりもする。つまり、彼女はこの環境を満喫していて、とても楽しそうなのだ。リュドビク・ビロが、女性としての人生はどうかと尋ねると、彼女は夫がしてくれていた慈しみの表現が恋しいと答えた。

「愛した夫と体を触れ合わせていたことが忘れられないのよ。自分がまた別の人と付き合うなんて考えられないわね。どちらにしたって、もうそんな年齢は過ぎてしまったの。60歳のときと同じ欲求を抱くことはもうないのよ」

「同居するような男」がいなくなって10年が経つ彼女は、もうそんなことを考えてもいないと言う。

「そりゃあカッコいい子や美男を見つけたら目ざとくチェックするけれどね。美女が通ったりしても、もちろんそれは同じ。友だちと、あの人カッコいいわねぇなんて言い合うのよ」

カッコいい男に、触れてみたいとかは思わないのですか？　と監督が聞くと、彼女は大声で否定した。

「そんなはずないでしょう！　思ったこともないわよ。まだそれができる人がうらやましいわ。今はもう、自分が誰かと出会って恋愛関係になるなんて、想像できないの。頭のなかで妄想するだけで満足……そうね、でも美術館に一緒に行けるような人との出会いならノーとは言わないわね。だけど家に男がいて欲しいとはもう思わない。もう十分。またなにかを始めるつもりはないわ」

笑いながらそう言うと、彼女はこう釘を刺した。

「わたしには友だちがいるもの！」

それからわたしたちは、自宅の浴室で太極拳や気功の発声健康法をしている90歳のロベールに遭遇する。体に気を遣っているだけあって、かなり元気そうである。自分の人生につらいことがなかったわけではないが、彼はとても幸せで、「ひとりでなんでもできる」ことを満喫しているのだと言う。では、その年齢で恋に落ちることはどう思っているのだろう？　彼はその問いかけを一笑に付した。

「恋に落ちるってのは一種の病気だよ。物事の判断がつかなくなるし、人間の本心が見えなくなる。恋は盲目って言うだろう！　わたしが恋に落ちたとする、まず狂気にとらわれる、そして良識を失う。まったく論理的だな！」

いや、彼はまだ、自分に問いかけてもいない。

フリーダもまた、自分が恋に落ちるとは思っていないようだ。この85歳の女性は、自分の所有している土地に講師を招き、セミナーを開催して生活をしている。植物に愛情を注ぎ、ゲストのために美味しいお菓子を焼き、彼らとゲームを楽しむなど、なかなか充実した生活を送っているように見える。

監督が恋愛欲について質問すると、彼女はきっぱりとこう言った。

「はっきりしておきましょう。わたしがそれを求めることはありません。孫娘も、おばあちゃんにいい人がいればいいのになんて言ってきましたけれど、言い返しましたよ。わたしが欲しいのは仲間や友人なの。プラトニックな関係の、です。夜、映画館に連れ出してくれる人、車を運転して旅に連れて行ってくれる人が欲しいのです。孫には、あなたがわたしくらいの年齢になったら、なにを望んで、なにを欲しいと思うようになるのかしらね、と言っておきましたよ」

そういう仲のいい友人たちはみな死んでしまったという。一定の年齢を超えると、本当に親友と呼べる人は作れないのだとフリーダは語る。20歳のときのようにはいかないのだ、と。

「わたしが飼っている蜂の世話を手伝ってくれている男性がいて、とても感じのいい人だけれど、彼はもう90歳なんですよ。わたしが85だから、年の差としては相応よね。けれど残念なことに、彼はすぐ疲れてしまう。いくらまだ運転もできて蜂の世話をしてくれるといっても、わたしがまだ寝たくないときに、疲労のためにさっさと眠りたいと思ってしまうような人と一緒に生きてはいけません。寝室が別でも、わたしがトランプをしたいと思っても彼の方が眠っていたら、一緒に暮していても意味がないでしょう？　だから、一定の年齢を超えたらいろいろと難しいのですよ。ずっと生活をともにしてきたような人たちとは違います。そういう人たちは、お互いの欠点もわかっているし、知り過ぎている。耐えられないようなことがあっても窮屈になることはないでしょうね。この年齢になってそんな関係をいちから作ろうなんて、そんな無理は通らないですよ」

いつか恋をすることはあるのだろうかと最後に問うと、彼女はにんまりと笑ったが、回答はきっぱりとしたものだった。

「いいえ、そうは思いません」

理由も、きっぱりとしたものなのだろうか？

「そもそもわたしの人生にも幾人かの男性がいて、自分が男の人に期待しているもの、知性とか美しさとか愛といったものはすべて、彼らがすでに与えてくれたのです。そうしたものの一切がもうあるのだから、代用品は必要ありません。今見つけられるものは、かつて持っていたものの色あせたコピーでしかないかもしれないでしょう。それでは意味がないし、わたしはそんなものは要りません。いまのままで十分です」

ここでフリーダは、セックス・シーンをどうしても入れなければ気が済まないというような映画をやり玉にあげている。

「またこの体操か！　なんて思ってしまうんです。若いときはこうじゃなかったのに。欲望が土足で上がり込んでくるみたいですよ。この年齢になるともう欲望はありません。だから、この辺でやめておくのが賢明です」

彼女はここでまぶしい笑顔を見せた。

「それに、やめようと思わなくても勝手になくなるものですよ。だからってなにかが失われたわけじゃない。別の状態になるだけ。これまでとは違うというだけなのですから」

◆38歳女性監督アンドレア・リーディンガーの話
好意的なまなざしを得る

若者たちは老人の性を想像できないというだけだという話は、わたしもよく耳にする。いやらしいとか変態とかいうひどい言葉を使っていなくても、彼らはそれを想像できていない。

ここまで読んでくれた人ならば、わたしが38歳の若い女性の監督と出会い、彼女が高齢者の性に好意的なまなざしを向けていると知ったときとても驚いた理由がわかっていただけるだろう。わたしたちは今、カフェ・ド・フロールでコーヒーを飲んでいるところだ。彼女、アンドレア・リーディンガーが熱心に語っているのは、彼女が米国で制作したルポルタージュ番組、そのなかでも「明るい寡婦たち」を取材したときのことについてである。

彼女はナオミ・ウィルジグの思い出話をしている。ナオミ・ウィルジグは、世界最大のエロティック美術のコレクションをもち、マイアミに「世界エロティック・アート美術館」を創設した人物である。現在80歳で[1]、銀行家だった亡き夫から巨万の富を相続した彼女は、あらゆる時代のオブジェや絵画、彫刻や日用品を4千点も買い集めたそうだ。世界でも類のないこのようなコレクションを彼女が築いたのは、エロティシズムになんの関心も示さなかった夫の死後のことだった。今は、マイアミの海に面したマンションの一室に、自分の半分ほどの年齢しかない黒人のパートナー、ジェシーとともに暮らしている。自分の性生活にすっかり満足している彼女は、ある種のセックス・セラピストのような存在となり、若い女性たちに惜しみなくアドバイスを与えているという。

アンドレアは、ドロレスという名の80歳の寡婦についても話してくれた。「自分の夢はすべてかなえたい」というこの女性は、「ミス・アーカンソー」のシニア部門にまで出場してしまう。アンドレアは、年下の恋人を空港へ迎

1 訳注：執筆当時の年齢。ナオミ・ウィルジグは2015年4月に80年の生涯を閉じた。

えに行く彼女を撮影したのだという。

「ふたりがどれほど美しかったか！」と、アンドレアは感嘆の声を上げた。

「彼女を見つめる恋人の目は愛にあふれていて、ふたりの再会シーンがあまりに美しいものだから、わたしが代わりに、そこにいたくなったくらいよ！」

若い女性が自分の祖母くらいの年齢の女性の性愛に対し、これほどまでに好意的なまなざしを向け、しかもちょっとうらやましいとさえ思っているという事態に遭遇したのは、わたしはこれがはじめてだった。そして、勇気をもらったような気にもなったのだ。

◆老人ホームにおける愛の悦び

高齢者の性はこれからもまだまだタブーであり続けるだろう。もしかしたらそうでなくなる日は来ないのかもしれない――それはきっと、この問題が文化的というより、無意識にかかわる問題だからだ。両親がセックスをしている姿を子どもが想像できないように、若者たちは高齢者の性を思い描くことができない。老人ホームで性にかかわることがらが避けられるのも、おそらくは同じ理由によるものだろう。

しかしながら、幾人もの高齢者問題担当大臣が、毎年繰り返して話題にしているように、プライバシーの権利、つまり親密な部分を確保しておく権利は、基本的な人格権のひとつである。高齢者の性を尊重しないことは、かなり端的にいうと虐待にあたるのだ。

確かに、人々の行動も変わってはきている。だが、高齢者の性愛行動をよく思わず、気づまりに感じている介護者は相変らずいるのだ。ましてや見せつけるようにそれをされたら、困惑するのだろう。

「人生の終わりにおける愛の喜びが、相手の存在や慈しみ、ちょっとしたキスや体温を感じることに尽きるのであれば、誰もが賛同するだろう——つまり老人ホームにおいても、老いと快楽が矛盾するものではないと誰もがためらいなく祝うことだろう。それが最良の世界ならば、すべては滞りなくうまくいくのである。しかし問題は、人生の終わりにおいてもまだ、愛の喜びが慈しみだけに尽きるかどうか、まったく確かではないということにある」[1]

そしてこうした場合、「愛の喜び」が非常に厳しい言葉で非難されることにもなる。それは、みっともない、汚らわしい、非常識なものと見なされるのだ。介護者は医師に性衝動を鎮静化する治療を施すように依頼する。あるいは入居者の子どもたちが、セックスを許可された「資格保持者」とそうでない人を分けるようスタッフに要求するかもしれない。合意がないと仮定される状態があるとか、要介護者の安全確保のためなどといった理由からだ。そうなれば、認知症の症状[2]が進行しかねないが、入居者の家族や老人ホームの職員の不寛容が正当化されてしまうことも多いのである。老人から、性や親密さの領域を奪うこれらの「うまい理由」は、結局のところ、わたしたちが高齢者のエロティックな欲望を集団的イメージとしてうまくとらえきれていないこと、肉体の近さや慈しみを求める気持ちや、快楽への欲求が生涯続くという考えを受け入れられていないことに起因している。

老人ホームの職員向け研修プログラムでは、より一層この問題が取り上げられている。入居者にも親密な性が息づいているということに意識が向いている介護者であれば、それを尊重できるようにもなってきたようだ。

「大切なのは、性や愛情生活に年齢は関係ないという考えを、職員たちに身につけさせることです」、フィニステール県の老人ホームを束ねる若きリーダー、エリック・スガン[3]は言い切る。

「後は、入居する部屋を住居ととらえて、高齢者にもひとりになる空間をもてるようにすることも……リスクかもしれないですが、すべてを管理せず、

1 Éric Fiat, « Champagne et tisane. Approche philosophique des amours de vieillesse », dans Amours de vieillesse, Presses de l'EHESP, avril 2009.

2 高齢者医療を専門とするフランソワーズ・フォレットによれば、要介護高齢者滞在施設（EHPAD）に入居する者の70%がアルツハイマー病を患っているという。

3 エロルン川流域・自治体間単一目的事務組合のディレクター。当時の年齢は35歳。

秘め事ができるような場所を施設に残しておくことも必要でしょうね……ドアを閉めて明かりを消せるような場所が」[1]

この若き指導者は、ダブルベッドを設置する必要も感じている。

「1人用の広さでは、愛の戯れを行うにはかなり都合が悪いですからね」

10年前、当時の高齢者担当大臣だったポーレット・ガンシャールがすでにわたしに指摘していた通り、要介護高齢者滞在施設（EHPAD）の大部屋に複数のベッドが並べられているという事実だけで、入居者の性を「禁じているとは言わないが、公的に否定している」ことになるのだ。

本書の執筆を始めたちょうどその頃、性愛グッズの販売サイト「カンケサンス」[2]が、老人ホーム職員に入居者の親密な領域を尊重するよう働きかけていることを知った。その活動は聖バレンティヌスの祝日（バレンタインデー）を活用したもので、その日にカンケサンスが「親密領域保全のお願い」と題したキャンペーンを発表したのだ。ホームページにはこう書かれている。

「この喜ばしき祭日を機に、EHPAD（旧・老人ホーム）に入居する高齢者が、施設職員から子ども扱いや非難めいたまなざしを受けずに恋愛感情を表明するのがいかに難しいか、想像してみようではありませんか。(…)だからわたしたちは、入居者の親密な領域を尊重し、それを可能にするための手続きの実施に取り組み、個室の扉に『親密領域保全のお願い。扉を開けないでください』と書かれたプレートをかけられるようにすると約束した施設を、ここに公開いたします。どうぞご自由にご活用ください」

◆ 情報サイト運営者の女性アニー・ド・ビビーの話
親密な領域はどこまで尊重される?

1 Article du Huffington Post du 19 juin 2013, « La sexualité des personnes âgées au coeur d'une démarche inédite en maisons de retraite ».

2 Quinquessence.fr(カンケサンス)は、50~70歳から100歳以上まで、「この上限を超えても、あなたのチケットに有効期限はありません」とうたう、年齢の上限をもうけない性愛商品販売業者である。

高齢者ケアの環境改善に全身全霊で取り組むこの女性の精力的な活動には、本当に長いこと頭が下がる思いだ。「アージュビラージュ」というサイトを運営するアニー・ド・ビビーは、老人ホームに「ユマニチュード」〔認知症ケアの手法のひとつ〕のコンセプトを啓蒙するべく、たゆまぬ努力を続けている。わたしたちは今日一緒にランチでもしようと集まった。高齢者が自立心をなくさないようにするためには、彼らの自己評価の向上が必要だよね、という会話の折に、わたしは今進めている取材のことを話してみる。

すると彼女は、「アルツハイマー病についての討論会で、ある発表者が問題にしていたのだけど」と言い、99歳の女性の話をしてくれた。彼女が自慰に向かないようなもの、例えば髪をとかすブラシなどを手当たり次第に使って、定期的に自分の体に傷をつけてしまうそうだ。外陰部だけでなく膣内まで出血して入院するようなことを何度か繰り返した後、施設を取り仕切る女性はスタッフを招集し、彼女のために自慰用の道具を購入するという決定を下した。現況のまま放置しておくことはつまり、危険にさらされた人の保護責任を放棄することを意味している。よって、なにかをしなければならなかった。老女から欲求を満たすのに使えそうなものをすべて取り上げるなどということは、話題にものぼらなかった。なぜならこの欲求は差し迫ったものので、自然な、尊重すべき欲求であると思われたためだ。

「すぐに想像できると思うけど、ひとりの入居者のためにディルド〔男性器を模した性具〕を買い与えるなんてことをスタッフ全員に納得させるのは、そう簡単にはいかないわよね」とアニー。

とはいえ、ユマニチュードの哲学をたたき込まれた施設スタッフのあいだには、高齢者の親密な領域を尊重するという考えがすでに浸透していた。老女の後見人をしている女性に事前に連絡——彼女はこの買い物が賭けであることにも理解を示していた——をしてから、その道具を本人に手渡すと、女性は「ポポル！〔男性器の俗称〕」と叫び、すぐにそれをチョコレートの箱にしまったという。以後、出血によって緊急入院することはなくなったそうだ。また、施設のスタッフの話によれば、ある日、彼女の甥がそのチョコレート箱を開けてしまい、どうしたら、お菓子の箱にディルドが入っているなんてことが起こり得るのだ、などと怒り出してしまったこともあったらしい。[1] 予想外のものを発見し、いたくショックを受けている男性にことのいきさつを説明しなければならなかったし、男性にしても、高齢者の性を巡る現実に、ひいては自分の叔母の親密な領域を尊重する必要性に、正面から向き合わざるを得なくなったことだろう。

「アージュビィラージュ」のサイトには、冗談めかして若い美男子の方が好きよと言いながらも、この老女は「最期までポポルの相手をつとめていた」と書かれている。

1　フランス中西部ビエンヌ県シブレーにあるEHPAD「レ・カプシヌ」で2009年に起こったことである。

両親がセックスしている姿を
子どもが想像できないように、
若者たちは高齢者の性を
思い描くことが
できないのである。

人生の終わりが近づいた高齢のシニアが抱く愛のかたちはさまざま。高齢者の愛がタブーではなくなり、若者たちから尊重されるようになるのは今後の課題である。

終わりに

シニアたちが、さまざまに愛と欲望に生きる、そのような国々を巡るこの旅から、わたしはなにを学んできたのだろう？　人里離れたところにあって、あまり探索されたことのない、いささかミステリアスな領土を旅して、わたしが得たものはなんなのだろう？

性の専門家はわたしにこう警告していた――甘いささやきには気をつけなさい！　これから老いを迎える人に「桃源郷を発見できる」なんて信じさせちゃいけないよ、と。

しかし、性的な老いが与える影響を彼らはさんざん説明しつつも、年を重ねながら愛と欲望を維持することが可能であること、またその先にはすばらしい眺めが待っていて、そこにアクセスすることもできるという点では合意していた。大事なのは、異なるエロスへ「アクセスする」ことだ。このエロティックな親密さに達するには、既知のものを追いやり、自分の感覚に身をゆだねることを受け入れなければならない。自分の抱えるイメージに、こだわらないことが前提となるのである。

なされるべきは真の自己愛革命だ。自分の姿を鏡で見ないこと。相手の視線から安心を得ようとしないこと。大切なのは、相手との親密な出会いに、専念することだ。それは肉体の快楽を排除したりはしない。

愛する人ともっとゆっくり、もっと官能的に性を楽しもうという境地に達した男女たちの意見によれば、愛の悦びから加齢によってなにかが失われるわけではない。むしろその逆だ。

年を重ねれば、セックスと慈しみの表現を両立させることだってできる。血気盛んな欲望にとらわれてしまうような若い時期には、簡単にできることではないだろう。

そのための第一条件は、ひとりでいても、相手がいても、愛と欲望をきちんと維持しておくことだ。大切なのは生き生きとしていること。人生を愛すること。生きる意欲をもつこと。新しいものを受け入れられるようにしておくこと。それらがその大前提となる。

第二の条件は、自己評価を高く保つことだ。つまり、自己に配慮し、自分の心身の健康に気を遣い、相手に欲望されるような存在であり続けるということを意味している。

第三の条件は、愛する人と一定の距離を取って謎めいた部分を残しておき、なおかつ日常的に親密さの表現を相手に伝えるのを怠らない、それらのことを並行してできるように成長することである。親密さは、近さと遠さによって築かれ、維持される。そして、その親密さなしには、エロスも持続する恋愛もあり得ないのである。

ところがこれでは、苦い経験をして絶望し、鬱々《うつうつ》としたシニアや、投げやりになって転落するがままに任せているような人たち、それだけでなく、さまざまな理由で愛の生活から一線を退いた人たちは、はじめから無視されることになってしまう。

世の中にはセックスを好きになったことがないという人もいるし、過剰に抑制されている人もいる。社会的・宗教的に禁止されて、そこからなかなか抜け出せない人たち、子作りという義務から解放されながらもセックスをすることに罪悪感を覚えてしまう人たちだっている。こうした人たちは、ニーチェの言う「キリスト教道徳の回帰」の犠牲者だ。彼らに対しては、かつてひとりの教皇（ヨハネ＝パウロ2世）が、本当の意味では成功しなかったけれど、神学というよりは人格主義的な立場から「性的快楽」という概念の復権を試みたことがあったことを思い出して欲しい、と言っておきたい。体をもつだけでなく、体でありもする人間にとって――

「肉体はもはや罪でも呪いでもない。肉体は人格の一部をなし、人格はまさに自ら与えられるためにできている。自ら与えられた人格は自己を見出し、そこで自身の幸福と出会うのだ」

この引用は、イブ・セメンの著作からのものだ。彼は、ヨハネ＝パウロ2世が「快楽を善」と考えていたと断言する。「というのもそれは、与え合うふたつの人格が、体の親密さを通じてまったき合一を果たしている『証し』そのものであるからだ」

愛の生活から一線を退いた人たちのなかには、そもそも恋愛への興味がまったくない人もいる。アセクシュアル（無性愛）という現象には、わたしもかなり戸惑っている。セックスの消費を促し、悦びを義務だと吹聴する立場と、ある種の人たちが真の自己規定や解放として主張する欲望の不在とのあいだには、なんらかのつながりがあるのではないかとわたしは考えている。

愛の生活を放棄する人のなかには、独り身で相手がいないからという人もいて、とくに女性はそうした傾向が強い。本当の問題は、孤独なのだ。

わたしがそれを理解したのは、恋人に正式なパートナーがいるという理由で他人には言えない恋愛関係を受け入れている何人もの女性たちや、恋活サイトで運命の相手を探そうとしている女性たちと出会ったときのことだった。

後者に関しては、そこから付き合うようになって、とても幸せにしているカップルも多く知っているとはいえ、いくらか思春期めいた、ややむなしい探求のように感じないでもない。ともかく、彼女たちとの出会いは、欲望はいつまでもなくならずに、愛や肉体の接触を渇望する気持ちはどのような年齢でも、人間というものの核となっているということを教えてくれた。そして本当に発見だったのは、こうした探求において披露される創造性を、わたしも理解することができたということだ。

女性たちは愛すること、つまり相手を信頼して自分の身をゆだねる行為とはなんなのかを学び、相手を、その現実や環境も、丸ごとそのままに受け入れなくてはならないことを知る。

わたしは、この年齢になってからの経験が、どれほど自分たちを進化させ、愛しかたについて、どれほど所有欲が消えて、相手に耳を傾けられるようになったかを語ってくれた男の人や女の人たちに、心を動かされていた。彼らの大部分は、現在という時間を生き、それを未来に投影することなく満喫することができている。彼らは、現在こそが重要だと思える年齢に達したのだ。これから築かれるものなど、関係の質を上げていくことの外には、なにもないのだから。

わたしはまた、夫婦がなぜすり減っていく時間に抵抗することができ、穏やかでやさしい心の通じ合いを生き続けることができるのかというところにも興味を抱いた。セックスに飽きて、愛を交わさなくなっても「慈しみを交わす」人たちがいる。彼らのあいだには愛の喜びが、変わることなく存在していた。肉体の触れ合いだってそこにはある。肌の柔らかな感触、匂い、ぬくもり、相手の声がそこにあることが愛の養分となる。この肉体的な絆の永続性が、生きることの快楽において、体を触れ合わせることが決定的に重要であるとなんらかのかたちで証明していることが、ここでわかるのである。

一方で、インドや中国史の深い奥から発生した新しいエロスの道へと進む人たちもいる。彼らはともに、別の愛の交わしかたを探求する。より時間をかけ、より意識的な——若い頃に経験した衝動に任せた性のありかたより、はるかに体の老いに適した愛の技法である。わたしもまた、自分の体でタントラの道の探求に挑戦することになり、その講習からは多くを学んだ。そして今は、なぜこうもシニアに差しかかった人々の多くがこういった別の性のありかたに興味を引かれるのか、以前よりもよく理解できる。そこではオーガズムは目標とされず、心の通じ合いや、相手とのエロス的融合が目指されている。より霊的な性のありかた、といってもよいかもしれない——そこでは心も体も魂もすべて含んだ、まさに相手との親密な絆の深化が見出されるのだから。

年齢を重ねれば、悦びの質も変化する。より広がり、充実し、さらに満ち足りたものへと変わってゆく。あいまいで衝動的で、ひとりひとりが勝手にするような部分はもはやなく、全存在を押し流してしまう激しい波のようなものでもない。欲動というよりはむしろ、意識から湧き上がってくるものだ。老いゆくわたしたちの体は、ドゥルーズの言葉を借りれば「欲望する機械」と呼べるものではもうない。幸いなことに！　わたしたちの体は内面から生きられる、感性的な体と化し、生命ある体性を獲得した。

肉体の恍惚は、意識的であるときに豊かさや意味を獲得する、とロベール・ミスライが語るのもそのためである。

「愛される存在は相手を通じて、皮膚や甘美なる肉体としての自己を把握し、(時折そう考える人もいるように)客体化されているというよりも、むしろその受肉それ自体において確証されていると感じるものなのである。愛され、賛美されるのは主体としての体である……そのとき愛撫は甘美なる境地への共通の入口となる……おのれ自身の動揺に各人が愛の出現を認め……愛の喜びと快楽に浸った各人が相手の実存を享受し、肉体としても精神としても、ある種の全面的現前を相手に与え、相手から受け取るのだ」

この老哲学者が、ポール・ヴァレリーの「わたしの最も深いところにあるもの、それは皮膚である」という言葉を彼なりに再利用していることに気付いただろうか。相手との体の触れ合いにおいて、わたしたちは、相手の知らない部分、相手にしかない部分と出会うのである。

シニアの住まう国には、このようなエロスの幸福を探求している地方もあるのだ。肉体の快楽とは、単に体や性器が動転するほどに興奮している状態を指すものではない。体や意識を押し流してしまうのは、「愛の喜び」だ。恋人たちがふたりして恍惚の極限へと連れ去られる、そのような共通の「共有された喜び」なのだ。

わたしの旅は、老年期の愛で終わりを告げる。その愛はいたるところにあるけれど、見えないところに隠れていることも多い。好意的な目でも、感動のまなざしでも見られることがないからだ。しかし最近は、高齢者に対して乱暴な扱いをしているのではないか、彼らの親密な領域を尊重できていないのではないかという自覚が、ようやく芽生えてきたようである。

愛することと欲望することについて、わたしたちの持っている自由がこの先どうなるのか、その未来に向けたまなざしを少しでも変えることに貢献できたらと、わたしは願ってやまない。この自由を守ることによってこそ、わたしたちは自分の人生をまっとうすることを願うことができる。わたしは本書を通じて、成熟期における体の変化は、哲学者ミスライの語る「高位の悦び」へと続く道を塞いだりはしないということを示そうと試みてきた。それは意識の問題であり、自己放棄の問題なのだ。結局のところ大切なのは、親密さの問題――そう、その成就への道なのである。なぜって、成就の喜びは、わたしたちの人生に「愛が明らかに存在する」と感じられたとき、訪れるのだから。

謝辞

マーシャ・マリル、ブリジット・ラーエ、アニー・ド・ビビ、フランソワ・パルペ医師、オリビエ・スリエ医師、ジャン＝ルイ・テラングル、エリック＝エマニュエル・シュミット、ジャック・リュカ、マリサ・オルトラン、そしてすべての友人、さらに私たちの社会にあって口にするのがタブーとされるプライベートな問題について匿名で語ってくれ、私たちを現実の認識から遠ざける沈黙の壁を打ち破った年配者、男性も女性も、そのすべての人々に感謝を捧げる。

著者◆マリー・ド・エヌゼル
Marie de Hennezel
フランスの心理学者、心理療法士、作家。英語教師を務めた後に大学に戻り、臨床心理学・精神分析学を学ぶ。1975年から心理学者としてキャリアを開始。1986年に当時のフランス大統領フランソワ・ミッテランの勧めにより、フランス最初の緩和ケアチームに参加。人々の生を見つめ、幸福な老いについて考えるようになった。ロベール・ラフォン社から刊行された代表的な著作に、『死にゆく人たちと共にいて』(邦訳：白水社刊)、『La chaleur du cœur empêche nos corps de rouiller (熱い心があれば体は衰えない)』、『Nous voulons tous mourir dans la dignité (みんな人間らしく死にたい)』がある。

訳者◆小原龍彦
Ohara Tatsuhiko
1968年生まれ。翻訳家・美学研究者。早稲田大学大学院フランス文学研究科修士課程修了。主にフランス語・英語の翻訳業務を日々営む。ギリシャ以来の概念であるエロスと身体の関係性について研究している。

写真提供　アフロ

SEX and the 60's
セックス・アンド・ザ・シックスティーズ
フランス人に学ぶいつまでも素敵な男女生活の秘訣

2016年3月15日　初版第1刷発行

発行者　◆　澤井聖一

発行所　◆　株式会社エクスナレッジ
〒106-0032　東京都港区六本木7-2-26
http://www.xknowledge.co.jp/

問合わせ先◆〔編集〕TEL 03-3403-5898　FAX 03-3403-1345
info@xknowledge.co.jp
〔営業〕TEL 03-3403-1321　FAX 03-3403-1829